집단심리학과 자아분석

집단심리학과 자아분석

1판 1쇄 인쇄 2015년 1월 5일
1판 1쇄 발행 2015년 1월 15일

지은이 지그문트 프로이트
옮긴이 이상률
펴낸곳 이책
펴낸이 이종률
주소 (139-785) 서울시 노원구 동일로207길 18, 103-706(중계동,중계그린아파트)
전화 02-957-3717
팩스 02-957-3718
전자우편 echaek@gmail.com
출판등록 2013년 2월 18일 제25100-2014-000069호

표지·본문 (주)네오북
인쇄·제본 (주)상지사피앤비
종이 (주)에스에이치페이퍼

ISBN 979-11-950725-7-6 03180

이 도서의 국립중앙도서관 출판시도서목록(CIP)은 서지정보유통지원시스템 홈페이지
(http://seoji.nl.go.kr)와 국가자료공동목록시스템(http://www.nl.go.kr/kolisnet)에서
이용하실 수 있습니다.(CIP제어번호:CIP20140305941)

잘못된 책은 구입하신 서점에서 바꾸어 드립니다.

집단심리학과 자아분석

지그문트 프로이트 지음
이상률 옮김

이책

옮긴이의 말

이 책은 오스트리아의 정신분석학자 지그문트 프로이트Sigmund Freud (1856~1939)의 《집단심리학과 자아분석Massenpsychologie und Ich-Analyse》을 번역한 것이다. 이 책은 1921년 국제 정신분석 출판사Internationaler Psychoanalytischer Verlag에서 처음 출간되었다. 여기서는 2010년 니콜 출판사Nikol Verlagsgesellschaft(Hamburg)에서 출간된 것을 번역의 대본으로 삼았다 (이 텍스트는 1925년 판을 기초로 삼았다고 출판사 측은 밝히고 있다).

프로이트는 프랑스의 소설가 로멩 롤랑Romain Rolland(1866~1944)을 1924년에 단 한 번밖에 만나지 못했지만, 13년 동안 계속 서신을 주고받을 정도로 친한 관계에 있었다. 그는 로멩 롤랑에게 이 책 한 부를 선물로 보냈으며, 1923년 3월 4일 롤랑에게 보낸 편지에서는 다음과 같이 썼다. "나는 이 책이 특별히 성공했다고는 생각하지 않지만, 개인 분석에서 사회에 대한 이해로 가는 좁은 길을 보여주었다고는 생각합니다." 히스테리, 편집증과 같은 개인 신경증의 기원을 밝히는 데 온 힘을 기울였던 프로이트가 집단현상에 관심을 갖고 그것을 분석하려고 한 것은 이번이 처음은 아니다. 프로이트는 이미 1912~1913년에 집단현상 중 가장 근본적인 것이라고 할 수 있는 종교의 기원에 관심을 갖고서 네 편의 논문을 썼다. 이 논문들은 정기간행물 〈이마고Imago〉에 발표된 후 곧바로 책의 형태로 출간되었다. 이 책이 《토템과 터부》이다. 따라서 《집단심리학과 자아분석》은 프로이트가 '사회에 대한 이해'를 위해 쓴 두 번째 책이다. 그런데 왜 프로이트는 하필이면 군중심리학에 관심을 갖게 되었는가?

프로이트의 편지에 따르면, 집단심리를 연구하겠다는 단순한 생각 Einfall이 처음 떠오른 것은 1919년 봄이었다. 이 날짜는 프로이트가 《집단심리학과 자아분석》을 쓴 직접적인 배경을 이해하는 데 아주 중요한 것 같다. 군중심리학은 당시에 인기 있는 학문으로 사회학자나 심리학자에게 큰 관심을 끌었으며, 마침내는 프로이트의 서클에도 침투했다. 프로이트의 제자 파울 페더른Paul Federn(1871~1950)은 1919년 3월 비엔나에서 개최된 정신분석 학회에서 행한 강연을 토대로, 같은 해 《혁명의 심리학을 위해: 아버지 없는 사회Zur Psychologie der Revolution: Die vaterlose Gesellschaft》를 출간했다. 이 책은 당시의 현실, 즉 노동자 평의회 조직과 파업을 군중심리학과 정신분석을 통해 설명하려고 시도한 것이다. 1918년 독일에서 발생한 민주주의 혁명(일명 11월 혁명)으로 제정帝政이 붕괴된 후 독일, 오스트리아, 헝가리에서는 러시아를 모델로 삼은 노동자 평의회 운동이 일어났다. 그리고 1919년 1월에는 베를린에서 총파업과 스파르타쿠스단의 봉기가 일어났다. 그 후 그 운동은 점점 퍼져나갔으며, 이에 대항하는 정부와 우파 세력의 움직임도 커져갔다. 페더른은 이러한 사회문제에 정신분석을 활용하려고 했다. 즉, 그는 정신분석을 사회정치적 변화의 도구로 변형시키려고 시도했다. 페더른은 가부장제적인 질서가 부르주아 사회를 떠받치고 있다고 지적하면서, 가족이라는 제도에 의해 영속되는 이 구조를 타파하지 않으면 진정한 혁명이 일어날 수 없다고 주장했다. 따라서 그는 아버지 없는 형제자매적인 질서를 만들어내는 노동자 평의회, 즉 소비에트soviet를 열렬히 옹호했다.

　프로이트는 페더른의 이러한 시도에 대해서 어떻게 생각했을까? 우리는 프로이트가 다음과 같이 쓴 것에서 그가 부정적인 평가를 했으리라 추측할 수 있다. "다른 집단 유대가 종교적인 집단 유대를 대신한다면-지금은 사회주의적인 집단 유대가 그렇게 하는 데 성공한 것처럼 보이는데-종교전쟁 시대와 똑같은 불관용이 그 바깥에 있는 사람들을 향해 나타날 것이다(이 책 52쪽)." 아마도 프로이트는 페더른이 수행한 정신분석의 정치적 이용을 거부했을 것이다. 추측에 불과하지만, 이러한 사정이 프로이트가《집단심리학과 자아분석》을 쓰게 된 발단이 되지 않았을까 하는 생각이 든다.

　책의 제목에 대해서 한마디 하지 않을 수 없다. 독일어 제목을 우리말로 정확하게 옮긴다면 아마도《군중심리학과 자아분석》이 될 것이다. 그런데 프로이트는 르 봉의 'foule'과 맥두걸의 'group'을 모두 'Masse'로 표현했다. 그리고 영어 번역자 제임스 스트레이치James Strachey도 영역판 제목을《Group Psychology and the Analysis of the Ego》로 했다. 물론 이 영어 제목은 스트레이치 마음대로 붙인 것이 아니다. 프로이트의 동의 하에 Massenpsychologie를 Group Psychology로 번역한 것이다. 스트레이치는《집단심리학과 자아분석》을 번역하기 전에는 아무런 번역 경력이 없었지만, 그를 영역자로 선택한 이가 바로 프로이트 자신이다. 프로이트는 영역판이 인쇄되기 전에(1922년에 출간) 영어 번역 원고의 앞부분 절반을 읽고서는 "완전히 정확하다. 오해가 전혀 없다"고 말했다고 한다. 그리고 프로이트의 가까운 동료이자 그의 권위 있는 전기 작가인 영국의 어네스트 존스Ernest Jones(1879~1958)도 번역이 잘되었다고 평가했다. 하지만 오늘날 일부 학자들은 스트레이치의 그러한 어휘 선택을 부적절했다고 평가하고 있다. 본 역자 역시 그렇게 생각한다. 적어도 르 봉의 'foule'에 대해서는 'crowd'라는 어휘로 번역하는 것이 더 낫지 않았겠느냐 하는 생각이 든다. 일관성을 유지하는 것도 좋겠지만, 르 봉의 '군중foule' 개념을 '집단group'으로 번역한 경우 르 봉의 본의를 상당히 해친다는 점도 고려해야 했을 것이다. 따라서 옮긴이는 그 점을 고려해 르 봉을 주로 다루는 제2장에서는 Masse를 군중으로, Massenpsychologie를 군중심리(또는 군중심리학)로 번역했다. 독자는 군중과 집단, 군중심리(학)와 집단심리(학)이 독일어 원서에서는 각각 같은 말로 쓰여 있다고 생각하면 될 것이다.

《집단심리학과 자아분석》은 집단심리학뿐만 아니라 조직이나 집단의 역학에 대한 연구에도 많은 영향을 주었다. 특히 이 책이 독일의 프랑크푸르트학파가 가장 자주 인용한 저작 중 하나였다는 사실은 이 책의 잠재력이 얼마나 큰지를 증명한다. 《집단심리학과 자아분석》은 현재 군중연구 또는 군중(집단)심리학 분야에서 4대 고전 중 하나로 평가받고 있다. 나머지 세 개는 르 봉의 《군중심리》, 타르드의 《여론과 군중》, 엘리아스 카네티의 《군중과 권력》이다. 그런데 이 4대 고전 중에서 프로이트의 책은 아주 독특한 위치를 차지하고 있다. 그의 이론은 군중보다 지도자의 중요성에 대해 더 많이 말하기 때문이다. 이것은 결코 프로이트의 약점이 아니다. 오히려 강점이라고 보아야 할 것이다. 우리는 오늘날 그 규모가 크든 작든 집단이나 조직에서의 지도자의 중요성을 절실히 느끼고 있기 때문이다. 요컨대, 프로이트의 《집단심리학과 자아분석》은 작은 책이지만 그 내용과 깊이는 큰 책이다. 군중 또는 집단에 관심이 있는 사람이라면 누구나 인정하지 않을 수 없는 작은 거인이다.

2013년 6월
이상률

차례

옮긴이의 말   5

I 서론   13
II 군중심리에 관한 르 봉의 서술   16
III 집단적인 정신생활에 대한 그 밖의 평가   29
IV 암시와 리비도   37
V 두 개의 인위적인 집단: 교회와 군대   44
VI 그 밖의 과제와 연구 방향   53
VII 동일시   59
VIII 사랑에 빠진 상태와 최면   67
IX 군집 본능   75
X 집단과 원시 유목집단   83
XI 자아 속의 한계   91
XII 추가하는 말   98

부록I 프로이트의《집단심리학》: 배경, 의의, 영향_디디에 앙지외   112
부록II 군중을 유혹하기: 군중심리학에서의 지도자_우르스 스태핼리   143
해설 르 봉, 타르드, 프로이트   166

I

서론

개인심리학과 사회심리학 또는 집단심리학의 차이는 언뜻 보면 매우 중요하게 보일지도 모른다. 하지만 자세히 살펴보면, 이 두 심리학 간의 뚜렷한 차이는 그리 크지 않다. 개인심리학은 개개의 인간에게 관심을 가지며, 그 개인이 본능적인 충동을 어떤 방식으로 만족시키려고 하는지를 탐구한다. 그러나 개인심리학이 이 개인과 다른 사람들 간의 관계를 도외시하는 경우는 드물며, 그것도 특정한 예외적인 조건에서나 가능하다. 개인의 정신생활에서는 다른 사람이 매번 본보기로, 대상으로, 조력자로 또 적대자로 등장한다. 따라서 개인심리학을 이렇게 확대하는 것은 정당하며, 이런 의미에서 개인심리학은 처음부터 동시에 사회심리학이기도 하다.

한 개인이 부모나 형제자매, 사랑하는 사람, 선생님이나 주치의와 맺고 있는 관계, 즉 지금까지 정신분석 연구의 우선적인 대상이 되어온 모든 관계는 사회현상으로 인정받을 가치가 있다고 주장할 수 있다. 그리고 이 점에서 그 모든 관계는 우리가 나르시시즘적_{narzißtisch}이라고 부르는 현상과 대조를 이룬다. 이 현상은 본능 충족이 다른 사람의 영향에서 벗어나 있거나 다른 사람의 영향이 필요하지 않기 때문이다. 따라서 사회적인 정신 행위와 나르시시즘적—블로일러Paul Eugen Bleuler*라면 아마도 자폐증적autistischen이라고 부를 것이다—정신 행위 간의 차이는 완전히 개인심리학 영역 안에 들어가기 때문에, 그것으로 개인심리학을 사회심리학이나 집단심리학과 분리시키기에는 적합하지 않다.

　앞에서 말한 관계, 즉 부모나 형제자매, 연인, 친구, 선생님이나 의사와의 관계에서는 개인은 언제나 단 한 사람에게서 영향을 받거나, 아니면 그 개인에게 큰 중요성을 지닌 아주 소수의 사람으로부터 영향을 받는다. 사람들은 사회심리학이나 집단심리학에 대해 말할 때 이러한 관계를 도외시하고는, 한 개인이 그 무언가에 의해 그와 연관된 다수의 사람들—이들이 그 밖의 많은 점에서는 그에게 낯설지도 모르겠지만—로부터 동시에 영향받는 것을 연구 대상으로 삼는 데 익숙해 있었다. 따라서 집단심리학은 개인을 종족, 민족, 카스트, 신분, 단체의 구성원으로 다루거나, 아니면 어떤 때에 특정한 목적을 위해 집단으로 조직된 무리의 구성요소로 다룬다. 개인과 집단의 자연스러운 연결을 이렇게 끊어버린 다음에는, 그 특수한 조건에서 나타나는 현상을 더 이상 소급할 수 없는 특별한 본능, 즉 다른 상황에서는 표현되지 않는 사회적 본능—군집본능herd instinct, 집단심리group mind—의 표출로 보았다. 그러나 우리는 다음과 같은 반론을 제기해도 괜찮을 것이다. 즉, 인간의 정신생활에서 다른 때는 작용하지 않는 새로운 본능이 수數라는 요인만으로도 깨어난

---

* 　스위스의 정신의학자(1857~1939). 프로이트의 정신분석을 받아들여 연구 그룹을 만들었다. 정신분열증schizophrenia이라는 용어를 제창해 정신분석 연구에 크게 기여했다.

다고 할 수 있을 정도로 아주 큰 중요성을 그 수라는 요인에 부여하기는 어렵지 않겠냐는 반론을 말이다. 그러므로 우리는 다른 두 가지 가능성에 기대를 걸어보려고 한다. 즉, 하나의 가능성은 사회적 본능이 더 이상 나눌 수 없는 원초적 본능이 아닐지도 모른다는 것이며, 또 하나의 가능성은 이 사회적 본능이 형성되는 발단을 예를 들면 가족처럼 어떤 좁은 범위에서 찾을 수 있다는 것이다.

집단심리학은 겨우 시작단계에 있지만 아직 개관조차 할 수 없을 정도로 많은 개별적인 문제들을 지니고 있어, 지금까지 한 번도 제대로 분리되지 않았던 수많은 과제를 연구자에게 제시한다. 집단 형성의 다양한 형태를 단순히 분류하고 그 형태들이 표현하는 심리현상을 기술하는 것만도 많은 관찰과 설명이 필요한데, 이는 이미 풍부한 문헌이 있다. 이 얇은 책을 집단심리학의 두께와 비교해보는 사람은 즉시 여기서는 자료 전체 중에서 몇 가지밖에 다루어지지 않겠구나 하고 추측할 것이다. 실제로도 정신분석이 특별한 관심을 갖고 깊이 연구하는 문제는 몇 가지밖에 되지 않을 것이다.

II

군중심리에 관한 르 봉의 서술

군중심리에 대한 정의를 먼저 제시하기보다, 현상의 범위를 지적하는 것으로 시작해 그 범위에서 연구와 연결될 수 있을 정도로 유난히 이목을 끄는 몇 가지 특징적인 사실을 추려내는 편이 더 유용할 것 같다. 르 봉Gustave Le Bon의 유명한 책《군중심리Psychologie der Massen》[1]에서 발췌하면, 우리는 그 두 가지 목적 모두를 달성할 수 있다.

심리학의 실태를 다시 한 번 더 분명히 해두자. 심리학은 개인의 성향, 본능적인 충동, 동기, 의도를 개인의 행동이나 가까운 사람들과의 관계에 이르기까지를 주의 깊게 관찰하는데, 그 과제를 남김없이 해결해 이 모든 연관을 꿰뚫어 보았다 하더라도 새로운 과제에 갑자기 직면한다. 그런데 이 과제는 심리학에서 아직도 미해결 상태로 남아 있다. 심리학에서 모두 파악했다고 생각한 개인이 특정한 조건에서는 예상과는 전혀 다르게 느끼고 생각하며 행동한다는 놀라운 사실을 심리학은 설명해야

---

1 루돌프 아이슬러Rudolf Eisler 박사의 번역. 제2판. 1912.

할 것이다. 그리고 이 특정한 조건이란 '심리적 군중'의 성질을 띤 인간무리에 개인이 들어간 것을 말한다. 그렇다면 '군중'이란 무엇인가? 군중은 개인의 정신생활에 그토록 결정적으로 영향을 미치는 능력을 어떻게 얻는가? 그리고 군중이 개인에게 강제하는 심리 변화의 본질은 무엇인가?

이 세 가지 질문에 대답하는 것이 이론적인 집단심리학의 과제다. 추측컨대 이 과제에 접근할 때는 세 번째 질문에서 시작하는 것이 가장 좋은 것 같다. 개인의 변화된 반응에 대한 관찰은 집단심리학에 재료를 제공한다. 무언가를 설명하려면 먼저 설명의 대상을 서술해야 하기 때문이다.

이제 르 봉에게 말할 기회를 주겠다. 그는 말한다.

> 심리적 군중이 나타내는 가장 두드러진 사실은 다음과 같다. 군중을 구성하는 개인들이 어떤 사람이든 간에, 그들의 생활방식·직업·성격이나 지성이 비슷하든 다르든 간에 그들이 군중으로 변했다는 사실은 그들로 하여금 각자가 개별적으로 있을 때와는 전혀 다른 방식으로 느끼고 생각하며 행동하는 일종의 집단적인 혼을 지니게 한다. 군중 속에 있는 개인들에게서만 나타나거나 행동으로 보이는 관념이나 감정이 있다. 심리적 군중이란 잠시 결합된 이질적인 요소들로 형성되는 일시적인 존재다. 이는 생물체를 구성하는 세포들이 재결합을 통해 그 각각의 세포가 지닌 성격과는 아주 다른 성격을 지닌 새로운 존재를 형성하는 것과 완전히 같다. 《군중심리》13쪽)

외람되지만 나는 르 봉의 서술 중간에 주석을 달아서 나의 소견을 말할 것이다. 군중 속의 개인들이 하나의 통일체로 결합한다면, 그들을 서로 결합시키는 무언가가 있을 게 틀림없으며, 이 접착제는 바로 그 군중의 특징이 될 것이다. 그러나 르 봉은 이 질문에는 대답하지 않은 채, 군중 속에서의 개인의 변화에 관심을 기울이면서 우리 심층심리학의 기본 전제와 일치하는 그 변화를 기술하고 있다.

군중 속에 있는 개인이 혼자 있는 개인과 얼마나 다른지 확인하는 일은 쉽다. 그러나 이러한 차이의 원인을 찾아내는 일은 그보다는 쉽지 않다. 적어도 그 원인이나마 어렴풋이 보기 위해서는 우선 현대 심리학의 확인된 사실, 무의식적인 현상은 유기체의 생명에서뿐만 아니라 지성의 기능에도 아주 지배적인 역할을 한다는 사실을 상기해야 한다. 무의식적인 삶에 비하면 정신이 영위하는 의식적인 삶은 매우 미미한 몫을 차지하고 있을 뿐이다. 아무리 섬세한 분석가나 통찰력 있는 관찰자라 하더라도 자신을 이끄는 매우 소수의 무의식적인 동기밖에는 찾아내지 못한다. 우리의 의식적인 행동은 무엇보다도 유전 영향에 의해서 만들어진 무의식적인 토대에서 유래한다. 이 토대에는 민족의 혼을 구성하는 조상 대대로 내려온 무수한 잔재가 들어 있다. 공개적으로 인정하는 우리 행동의 원인 뒤에는 물론 우리가 털어놓지 않은 숨겨진 원인이 있지만, 이 숨겨진 원인 뒤에는 우리 자신이 알지 못하기 때문에 더욱 숨겨져 있는 많은 원인이 있다. 우리의 일상적인 행위 대부분은 그냥 지나치는 숨겨진 동기의 결과에 불과하다. (14쪽)

군중 속에서는 개인들이 개별적으로 습득한 것이 사라지며 이와 함께 개인들의 고유성도 사라진다고 르 봉은 생각한다. 군중 속에서는 민족 고유의 무의식이 나타나며, 이질적인 것은 동질적인 것 속에 묻혀버린다. 이때 우리는 다음과 같이 말할 수 있을 것이다: 개인들에게서 아주 다양하게 발달한 심리적 상부구조는 평평해지고 힘을 잃어버리며, 모든 개인에게서 동질적인 무의식적 토대가 겉으로 드러난다(활동하게 된다).

이렇게 되면 군중 속에 있는 개인들의 평균적인 성격이 드러날 것이다. 그러나 르 봉은 그 군중 속의 개인들이 또한 전에는 갖지 않았던 새로운 성질도 나타낸다고 생각하면서, 그 이유를 세 개의 서로 다른 요인에서 찾고 있다.

> 첫째, 군중 속의 개인은 다수多數라는 사실만으로 막강한 힘을 지녔다는 감정을 갖는데, 이러한 감정은 그가 혼자였더라면 반드시 억제했을 본능에 몸을 맡기게 한다. 군중은 익명이고 결국 무책임하기 때문에, 개인을 언제나 제지하는 책임감이 완전히 사라지는 만큼 본능을 억제할 마음도 더욱더 적어질 것이다. (15쪽)

우리 관점에서는 새로운 성질의 출현에 많은 가치를 부여할 필요가 없었다. 우리로서는 다음과 같이 말하는 것으로 충분하다. 즉 개인이 군중 속에 들어가면 무의식적인 본능적 충동을 억압하지 않아도 되는 조건에 놓인다고 말이다. 그때 개인은 겉으로는 새로운 성질을 나타내지만, 이 성질은 실제로는 인간의 마음 속에 있는 온갖 나쁜 것이 그 기질로서 들어 있는 무의식의 표출일 뿐이다. 이런 상황에서 양심이나 책임감이 사라지는 것을 이해하기란 조금도 어렵지 않다. 우리는 오래전부터 이른바 양심의 요체가 '사회적 불안'이라고 주장해왔다.[2]

---

2 르 봉의 무의식 개념은 정신분석이 채택한 개념과 완전히 일치하지는 않기 때문에, 르 봉의 견해와 우리 견해 사이에 약간의 차이가 드러난다. 르 봉의 무의식은 무엇보다도 민족정신이라는 아주 심층적인 특징을 포함하고 있는데, 이러한 특징은 개인적인 정신분석에서

두 번째 원인은 전염인데, 이것 역시 군중에게서 특별한 성격의 표출과 동시에 그들의 방향을 결정하는 데 개입한다. 전염은 확인하기는 쉽지만 설명되지 않는 현상이기 때문에, 우리가 잠시 후에 연구할 최면 차원의 현상과 결부시켜야 한다. 군중 속에서는 모든 감정이나 모든 행동에 전염성이 있다. 개인이 집단의 이익을 위해 자신의 개인적인 이익을 매우 쉽게 희생할 정도로 말이다. 이것은 그의 본성과는 상당히 상반되는 성향이며, 인간이 군중의 구성원일 때가 아니면 거의 할 수 없는 일이다. (16쪽)

마지막 문장에 근거해서 우리는 나중에 중요한 추론을 펼칠 것이다.

세 번째 원인은—이것이 제일 중요하다—군중 속의 개인들에게서 혼자 있는 개인의 성질과는 때때로 완전히 반대되는 특별한 성질을 결정한다. 나는 피암시성에 대해 말하고 싶은데, 또 한편으로 앞에서 언급한 전염은 이 결과의 하나에 불과하다.

이 현상을 이해하기 위해서는, 생리학의 최근 몇 가지 발견을 염두에 두어야 한다. 오늘날 우리는 한 개인이 다양한 방법에 의해서 그의 의식을 지닌 인격을 완전히 잃어버리고는, 한 조종자의 모든 암시에 복종하며 아울러 자신의 성격이나 습관과는 가장 반대되는 행동을 저지르는 상태에 들어갈 수 있다는 것을 알고 있다. 그런데 아주 주의 깊게 관찰해

는 사실상 고찰하지 않는다. 물론 인간 정신의 "태고의 유산"을 포함하고 있는 자아의 핵심(나는 이것을 나중에는 에스Es라고 불렀다)이 무의식 속에 들어 있다는 것을 우리가 부인하지는 않지만, 이것 외에도 우리는 그 유산의 일부에서 생겨난 '무의식적으로 억압된 것'을 구분한다. 억압된 것이라는 이 개념은 르 봉에게는 없다.

보면, 활동적인 군중 속에 얼마 동안 빠져 있는 개인은 곧—그 군중에서 발산되는 기운 때문에, 또는 우리가 알지 못하는 다른 원인으로—특별한 상태에 놓이는데, 이 특별한 상태는 최면술사의 수중에서 최면에 걸린 자가 처한 매혹 상태와 많이 유사하다. (…) 의식을 지닌 인격은 완전히 사라지고, 의지와 분별력도 잃어버린다. 모든 감정과 사고는 최면술사가 결정하는 방향으로 향한다.

심리적 군중에 속한 개인의 상태 역시 거의 그러하다. 그는 자신의 행동을 더 이상 의식하지 못한다. 그의 경우도 최면에 걸린 자의 경우와 마찬가지로, 몇 가지 능력이 파괴되는 동시에 다른 능력은 극단적인 흥분상태에 이른다. 어떤 암시의 영향 아래, 그는 거역할 수 없을 정도로 열렬하게 몸을 던져 어떤 행동을 수행한다. 이 열렬함은 최면에 걸린 피실험자의 경우보다 군중의 경우에 더 심하다. 왜냐하면 암시가 모든 개인에게 똑같이 전해져도 상호적이 되면서 부풀려지기 때문이다. (16쪽)

그러므로 의식을 지닌 인격의 소멸, 무의식적인 인격의 지배, 암시와 전염을 통해 감정과 생각이 같은 방향으로 향하는 것, 암시된 생각을 즉시 행동으로 옮기는 경향 등 이러한 것들이 군중 속에 있는 개인의 주요한 성격이다. 그는 더 이상 그 자신이 아니다. 그는 자신의 의지로는 더 이상 조종하지 못하는 어떤 꼭두각시가 되었다. (17쪽)

나는 이 문구를 아주 장황하게 인용했는데, 그 이유는 르 봉이 군중 속의 개인의 상태를 단순히 최면 상태와 비교하는 게 아니라 그가 실제로 최면 상태에 있다고 설명한다는 것을 재삼 확인하기 위해서였다. 나는 여기서 반론을 제기할 의도가 전혀 없다. 다만 개인이 군중 속에서 변하는 마지막 두 가지 이유, 즉 전염과 피암시성이 분명히 같은 종류가 아니라는 것은 강조하고 싶다. 전염이라는 것도 역시 피암시성의 하나의 표현일 것이기 때문이다. 또한 그 두 요인의 작용도 르 봉의 본문에서는 뚜렷하게 구분되지 않은 것 같다. 만약 우리가 전염을 군중 속의 개인들이 서로에게 미치는 영향과 관련지어 생각하는 반면 군중 안에서 암시가 나타나는 것(르 봉은 이것을 최면 영향의 현상과 비슷한 것으로 생각한다)에 대해서는 다른 기원을 지적한다면, 아마도 르 봉의 말을 가장 잘 해석한게 될 것이다. 그런데 어떤 기원을 지적할 수 있을까? 이러한 비교의 주요 요소 중 하나, 즉 군중에서 최면술사 역할을 하는 사람이 르 봉의 서술에서는 언급되어 있지 않다는 것이 우리에게 매우 불충분한 점이라는 느낌을 갖지 않을 수 없게 한다. 어쨌든 르 봉은 몽롱한 상태에 빠지게 하는 이 사로잡는 영향과 개인들이 서로 영향을 미쳐 처음의 암시를 강화시키는 전염 효과를 구분한다.

군중 속의 개인을 판단하는 데 중요한 관점이 하나 더 있다.

> 또한 조직된 군중에 속해 있다는 사실만으로도 인간은 문명의 사다리에서 몇 단 내려간다. 혼자 있었다면 아마도 교양 있는 개인이었을텐데 군중 속에서는 야만인, 즉 본능적인 개인이다. 그는 솔직성, 폭력성, 잔인함도 있지만 원시적인 인간의 열광과 용맹함도 있다. (17쪽)

이어서 르 봉은 개인이 군중에 들어가면 지적 능력이 떨어진다는 것을 또다시 분명하게 다룬다.[3]

---

3 쉴러Friedrich von Schiller(독일의 시인(1759~1805))의 2행시를 참조하라. "어떤 사람이든 혼자 있으면 상당히 똑똑하고 분별력이 있다. 하지만 모여 있으면 그들은 바로 바보가 된다."

이제는 개인을 떠나, 르 봉이 그리는 군중심리에 대한 서술로 눈길을 돌려보자. 거기에는 정신분석가가 출처를 찾아 추론하는 데 어려움을 겪을 만한 것이 하나도 없다. 르 봉 자신이 군중심리가 원시인이나 어린이의 정신생활과 일치한다고 지적하면서 우리에게 이해의 길을 보여주고 있다(19쪽).

군중은 충동적이고 변덕스러우며 자극에 민감하다. 군중은 거의 전적으로 무의식에 좌우된다. 르 봉은 무의식이라는 말을 '억압된 것'만을 의미하지 않는 서술적인 의미로 올바르게 사용하고 있다. 군중이 따르는 충동은 상황에 따라서 고귀할 수도 있고 잔인할 수도 있으며, 영웅적일 수도 있고 비겁할 수도 있다. 하지만 어떤 경우든 군중은 독재적이기 때문에, 개인적인 이익도 심지어는 자기보존이라는 이익까지도 효력을 발휘하지 못한다(20쪽). 군중은 미리 잘 생각해놓은 것이 하나도 없다. 군중은 무언가를 열렬하게 바라기는 하지만, 이 욕망이 오래 지속되지 않는다. 군중은 끈기를 발휘하지 못한다. 군중은 자신들의 욕망과 그 욕망이 실현되는 것 사이의 지체를 견디지 못한다. 군중은 자신이 전능하다는 생각이 있어, 군중 속의 개인에게는 불가능이라는 개념이 없다.[4]

군중은 영향을 아주 쉽게 받고 무엇이든 쉽게 믿으며, 비판력이 없다. 군중에게는 있을 법하지 않은 일이란 존재하지 않는다. 군중은 이미지로 생각한다. 자유롭게 상상하는 개인에게 나타나는 것처럼, 이 이미지는 서로 연상되어 생겨난다. 그 이미지가 현실과 일치하는가를 이성이라는 절차를 거쳐 평가하는 경우는 전혀 없다. 군중의 감정은 언제나 매

---

4 다음을 참조하라.《토템과 터부Totem und Tabu》(1912~1913) 제3장《애니미즘, 주술 그리고 사고의 전능성》.

우 단순하며 아주 지나치다. 따라서 군중은 의심할 줄도, 망설일 줄도 모른다.[5]

군중은 곧바로 극단으로 치닫는다. 의심 가는 점을 말해도 그것은 즉시 확고부동한 확신으로 바뀌고, 반감의 발단은 격렬한 증오가 된다 (32쪽).[6]

군중 자체가 극단으로 치닫는 경향이 있기 때문에, 군중도 지나친 자극을 통해서만 흥분된다. 군중에게 영향을 주고 싶은 사람은 자신의 주장을 논리적으로 조정할 필요가 없다. 그는 아주 강력한 이미지로 표현해야 하고, 과장해야 하며, 계속 똑같은 말을 반복해야 한다.

군중은 무엇이 진실이고 무엇이 거짓인가에 관해서 정확히 알지 못하며 게다가 자신들의 큰 힘을 의식하고 있기 때문에, 이들은 권위를 맹신하는 만큼이나 너그럽지 못하다. 군중은 힘을 존경하며 친절함에는 거

---

5 우리가 무의식적인 정신생활을 가장 잘 알 수 있게 된 것은 꿈에 대한 해석 덕분인데, 꿈을 해석할 때 우리는 다음과 같은 기술적 규칙을 따른다. 즉 꿈 이야기에 들어 있는 의심스럽고 불확실한 것은 무시하고, 명백한 꿈의 모든 요소는 똑같이 확실한 것으로 취급하는 기술적 규칙을 따른다. 우리는 의심스럽고 불확실한 것은 꿈이 받는 검열 영향 때문이라고 보며, 다음과 같이 추측한다. 즉, 본래의 꿈 내용은 비판이 행해진 것으로서의 의심스럽고 불확실한 것을 모른다고 말이다. 물론 다른 모든 것과 마찬가지로 그 의심스럽고 불확실한 것도 꿈이 되는 낮일의 잔재에서 내용으로 나타날지도 모른다(다음을 보라. 《꿈의 해석 Traumdeutung》, 제7판. 1922년, 386쪽).

6 모든 흥분이 똑같이 극단적으로 지나치게 고조되는 것은 또한 어린이의 감정에도 일어나는 것이며, 꿈 속에서도 다시 나타난다. 꿈 속에서는 개개의 흥분을 무의식적으로 따로 떼어놓기 때문에, 낮에 있었던 사소한 불쾌한 일이 자기를 괴롭힌 사람의 죽음을 바라는 원망으로 표현되거나, 그 어떤 약간의 유혹도 꿈에서 재현되는 범죄 행위의 자극이 된다. 이런 사실에 대해서는 한스 작스Hans Sachs 박사(오스트리아의 정신분석가(1881~1947))가 적절한 언급을 하였다. "꿈이 현재(현실)와 관련해서 말해준 것을 우리가 나중에 의식에서도 찾아보면, 분석이라는 확대경 속에서 본 괴물이 사실은 작은 섬모충으로 밝혀진다 해도 우리는 결코 놀라서는 안 된다." (다음을 보라. 《꿈의 해석》, 제7판. 1922년, 457쪽)

의 영향받지 않는다. 친절함이란 군중에게는 일종의 나약함을 뜻할 뿐이기 때문이다. 군중이 그들의 영웅에게 요구하는 것은 강인함이며, 심지어는 폭력이다. 군중은 지배당하거나 억압받고 싶어 하며, 자신들의 지도자들을 두려워하고 싶어 한다. 근본적으로 철저히 보수적이기 때문에, 군중은 모든 혁신과 진보에 대해서는 깊은 혐오감을 갖고 있으며, 전통에 대해서는 무한한 경외심을 갖고 있다(37쪽).

군중의 도덕성을 올바르게 판단하기 위해서는, 개인들이 군중으로 모이면 개인의 모든 소심함은 사라지고 원시시대의 유물로 개인 속에 잠든 잔인하고 거칠며 파괴적인 모든 본능이 깨어나 마음껏 충족된다는 것을 고려해야 한다. 그러나 군중도 암시의 영향을 받으면 욕망을 자제하고 이기심을 버리며 이상에 헌신하는 높은 업적을 수행할 수 있다. 혼자 있는 개인의 경우에는 개인적인 이익이 거의 유일한 동기지만, 군중에서 그것이 두드러지는 경우는 매우 드물다. 군중이 개인을 도덕적이게 한다고 말할 수 있다(39쪽). 군중의 지적 능력은 언제나 개인의 지적 능력보다 훨씬 못하지만, 그들의 도덕적 행동은 개인의 수준보다 더 높아질 수도 있고 훨씬 밑으로 내려갈 수도 있다.

르 봉의 성격 묘사에서 나타난 그 밖의 몇 가지 특징은 군중심리와 원시인 심리를 동일시하는 것이 얼마나 정당한지를 분명하게 보여준다. 군중에서는 아주 모순되는 생각들이라도 나란히 공존하면서 서로를 용납할 수 있으며, 그 생각 간의 논리적인 모순에서 어떤 갈등도 일어나지 않는다. 그러나 정신분석이 오래전부터 지적한 것처럼, 이것은 어린이나 신경증 환자와 같은 개인의 무의식적인 정신생활에서도 마찬가지다.[7]

---

7 예를 들어 어린아이에게서는 자기와 아주 가까운 사람들에 대해 상반된 양가감정의 태도

게다가 군중은 말의 진실로 주술적인 힘에 굴복한다. 말은 군중심리에 가공할 만한 폭풍을 불러일으킬 수 있으며 그 폭풍을 가라앉힐 수도 있다(74쪽). "이성과 논증은 특정한 말이나 문구와 싸워 이길 수 없을 것이다. 군중 앞에서 그 특정한 말이나 문구를 엄숙하게 말하면, 그것들이 발음되자마자 군중은 경의를 표하는 표정을 지으며 고개를 숙인다. 많은 사람은 그러한 말이나 문구를 자연의 힘이나 초자연적인 위력 같은 것으로 간주한다"(75쪽). 이 점에 관해서는 원시인들에게 있는 이름에 대한 터부와 그들이 이름과 말에 있다고 생각하는 주술적인 힘을 생각해보기만 하면 된다.[8]

　　그리고 마지막으로, 군중은 결코 진실에 목마른 적이 없다. 군중은 환

가 오랫동안 존재하지만, 하나의 감정이 그것과 반대되는 감정의 표현을 방해하지 않는다. 그러다가 결국에는 두 감정 사이에 갈등이 일어나는데, 이 갈등은 종종 다음과 같은 식으로 해서 해결된다. 즉 아이가 대상을 바꾸어, 그 상반된 충동 중 하나를 그 대체된 대상으로 옮기는 식으로 말이다. 어른의 신경증이 발전하는 과정에서도, 억압된 충동이 무의식적이든 의식적이든 공상 속에서 빈번히 오랫동안 계속된다는 것을 알 수 있다. 물론 이 공상의 내용은 어떤 지배적인 경향과는 직접적으로 반대되는 방향으로 나아가지만, 이 대립에서 자아가 그 자신이 배척한 것에 대해 단호한 조치를 취하는 일은 생겨나지 않을 것이다. 공상은 오랫동안 용인되다가, 어느 날 갑자기 (보통은 공상에 감정이 집중된 결과로) 공상과 자아 간의 갈등이 일어나 온갖 결과를 낳는다. 어린이가 성숙한 어른으로 발달하는 과정에서는 전반적으로 개성이 점점 더 광범위하게 통합되어, 서로 독립적으로 커진 각각의 본능적인 충동이나 목표 설정이 보다 큰 것으로 합쳐진다. 성생활 영역에서도 이와 비슷한 과정이 일어나는데, 이 과정은 오래전부터 모든 성 본능이 최종적으로는 생식기 조직으로 통합되는 것으로 알려져 있다(《성욕 이론에 관한 세 편의 에세이Drei Abhandlungen zur Sexualtheorie》, 1905). 게다가 자아의 통일이 리비도의 통일과 똑같은 방해를 받을 수 있다는 사실은 우리에게 잘 알려진 수많은 예가 보여주고 있다. 성서에 대한 믿음을 유지하고 있는 자연과학자의 예나 그 밖의 예가 보여주는 것처럼 말이다. 자아가 나중에 분열될 수 있는 여러 가능성은 정신병리학의 특별한 한 장章을 만들어낸다.

8　다음을 보라.《토템과 터부》

상을 요구하며 환상 없이는 견디지 못한다. 이들에게는 비현실적인 것이 현실적인 것보다 언제나 우선이다. 사실이 아닌 것이 사실만큼이나 강하게 그들에게 영향을 미친다. 그들은 그 둘 사이에 어떤 구분도 하지 않는 경향이 뚜렷하다(47쪽).

우리가 지적한 것처럼, 공상에 잠기는 생활과 충족되지 않은 욕망에서 생겨난 환상이 이처럼 우위를 차지하는 것은 신경증의 심리에서 결정적이다. 신경증 환자에게 문제가 되는 것은 일상적인 객관적 현실이 아니라 심리적 현실이라는 사실을 우리는 알아냈다. 히스테리 증세는 실제 경험의 반복에 기인하는 것이 아니라 공상에 기인하며, 강박증적인 죄의식은 나쁜 의도를 실행하지 않았어도 그러한 의도를 가졌다는 사실 자체에 기인한다. 정말로 꿈이나 최면에서처럼, 군중의 정신활동에서는 현실성 검증은 뒤로 물러나고, 감정이 집중된 욕망충동affektiv besetzten Wunschregungen이 강하게 대두한다.

르 봉이 군중의 지도자에 대해 말한 것은 별로 철저하게 못하며, 기본 원리를 매우 분명하게 드러내지 못하고 있다. 동물의 떼든 인간의 무리든 마찬가지인데, 생물체가 어느 정도의 수로 모이면 곧 본능적으로 우두머리의 권위에 자신을 내맡긴다고 르 봉은 생각한다(86쪽). 군중은 지배자 없이는 살아갈 수 없는 순종적인 무리다. 군중은 그처럼 복종하고 싶어 하므로 군중의 지배자로 자처하는 자에게 본능적으로 복종한다.

군중은 이처럼 지도자를 필요로 하지만, 지도자도 자신의 개인적인 자질을 통해 군중의 욕구에 부응해야 한다. 지도자가 군중에게서 믿음을 일깨우기 위해서는, 지도자 자신이 (어떤 사상에 대한) 믿음에 사로잡혀 있어야 한다. 지도자는 강인하고 인상적인 의지가 있어야 한다. 그래야 의지가 없는 군중이 그에게서 그 의지를 받아들인다. 이어서 지도자의 여러 종류와 이들이 군중에 영향을 미치는 수단을 논한다. 대체로 르 봉은 지도자가 광적으로 믿는 사상을 통해 영향력을 행사한다고 믿는다.

그 밖에 그는 이 사상과 지도자에게 신비로우면서도 저항할 수 없는 힘을 부여하는데, 그는 이 힘에 '위세Prestige'라는 이름을 붙인다. 위세는 어떤 개인, 어떤 작품 또는 어떤 사상이 우리에게 행사하는 일종의 지배력이다. 이것은 우리의 비판력을 마비시키고, 우리 마음을 경탄과 존경으로 가득 채운다. 위세는 최면에 홀린 상태Faszination의 그것과 비슷한 느낌을 불러일으킬 것이다(96쪽).

르 봉은 획득된 또는 인위적인 위세와 개인적인 위세를 구분한다. 전자의 경우 사람은 이름, 재산, 명성 덕분에 위세를 얻으며 견해나 예술작품 등은 전통 덕분에 위세를 얻는다. 어느 경우든 이 위세는 과거로 거슬러 올라가기 때문에, 이 수수께끼 같은 영향력을 이해하는 데에는 별로 도움이 되지 못한다. 개인적인 위세는 바로 이 위세를 통해 지도자가 된 소수의 사람이 갖고 있다. 이 위세는 마치 어떤 자석 같은 마법의 작용처럼 모든 사람을 그들에게 복종하게 한다. 그렇지만 모든 위세 역시 성공에 달려 있으며, 실패하면 사라져버린다(103쪽).

르 봉은 군중심리에 대해서는 매우 훌륭하게 서술했지만, 지도자의 역할과 위세의 중요성을 그 서술과 올바르게 일치시켰다는 인상은 주지 못한다.

III

집단적인 정신생활에 대한 그 밖의 평가

우리가 르 봉의 서술을 서론으로 삼은 이유는 그것이 무의식적인 정신생활을 강조한다는 점에서 우리 자신의 심리학과 아주 잘 일치하기 때문이다. 그렇지만 이제는 이 저자의 주장이 실제로는 새로운 것을 전혀 제시하지 못했다는 사실을 부언하지 않을 수 없다. 그가 집단심리의 표출에 대해 유해하다고 보면서 그 가치를 과소평가한 것은, 이전에 이미 다른 사람들이 그 못지않게 분명히 또 적대감을 갖고 말해온 것이며 이 분야의 문헌이 처음 나왔을 때부터 사상가, 정치가, 작가들이 같은 목소리로 반복해온 것이다.[9] 르 봉의 견해에 들어 있는 두 가지 명제, 즉 군중에서는 지적 활동이 집단적으로 억제된다는 명제와 감정이 고조된다는 명제는 그 직전에 시겔레Scipio Sighele[*]가 공식화한 것이다.[10] 근본적

---

9   크라스코비치Ludwig Krascovic의 《집합체의 심리학Die Psychologie der Kollektivitäten》(1915)에 있는 본문과 문헌 목록을 참조하라.

*   이탈리아의 법죄학자이자 사회학자(1868~1913)

10 뫼데Walter Moede의 논문 《집단심리학 및 사회심리학에 대한 비판적 개관Die Massen-und Sozialpsychologie im kritischen Überblick》(1915)을 보라.

으로 르 봉 고유의 것으로 남는 것은 무의식이라는 관점과 원시인의 정신생활과의 비교라는 관점 이 두 가지뿐인데, 이 두 관점도 물론 이전에 여러 번 언급된 것이다.

게다가 집단심리에 관해 르 봉과 그 밖의 사람들이 제시한 서술과 평가에 대해서 아무런 이의가 없었던 것도 결코 아니다. 앞서 기술한 집단심리 현상이 모두 올바르게 관찰된 것이라는 사실은 의심할 바 없다. 그러나 정반대로 작용하는 집단 형성의 다른 표현도 확인할 수 있다. 그렇다면 거기서 우리는 집단심리에 대해 훨씬 더 높은 평가를 이끌어내야 한다.

르 봉 역시 다음과 같은 사실을 인정할 용의가 있었다. 즉, 상황에 따라서는 집단의 도덕성이 그 집단을 구성하는 개인들의 도덕성보다 더 높을 수 있으며, 집단으로서의 전체만은 이기적이지 않고 좀 더 헌신적일 수 있다는 것을 말이다.

혼자 있는 개인의 경우에는 개인적인 이익이 아주 거의 유일한 동기지만, 군중에서 그것이 두드러지는 경우는 매우 드물다. (38쪽)

다른 이들은 대체로 사회만이 개인에게 윤리규범을 지시하며, 개인은 일반적으로 그 높은 요구에는 미치지 못한다고 주장한다. 또는 예외적인 상황에서는 집합체에서 열광현상이 일어나 아주 훌륭한 집단 성과를 가능하게 한다고 주장한다.

지적인 작업에 관해서는 다음과 같은 사실이 여전히 옳다. 즉, 생각하는 일에서 큰 결단을 내리는 것, 중대한 결과를 야기하는 발견이나 문제 해결은 혼자 일하는 개인만이 가능하다는 것이다. 그러나 집단심리도 천재 같은 정신적인 창조를 할 수 있다. 무엇보다도 언어 자체가 이를 증명하며 나아가서는 민요, 민간전승이나 그 밖의 것들이 그것을 입증한다. 게다가 개개의 사상가나 작가가 그가 속한 집단의 자극에 얼마나 많은 신세를 지는지, 그가 동시대에 다른 사람들이 함께 행한 정신적인 작업을 완성시키는 사람 그 이상인지의 문제는 여전히 숙제로 남아 있다.

이처럼 완전히 모순된 설명을 대하면, 집단심리학의 작업은 성과 없이 끝날 수밖에 없을 것 같다. 그러나 희망에 가득 찬 해결책을 쉽게 찾을 수 있다. 사람들은 아마도 매우 상이한 조직들을 '집단'이라는 말로 총괄했을 것이다. 따라서 그것은 구분될 필요가 있다. 시겔레, 르 봉, 그 밖의 사람들의 진술은 오래 지속되지 못하는 집단과 관계있다. 이러한 종류의 집단은 일시적인 이해관심에 따라 다양한 부류의 개인들이 급하게 한 덩어리가 된 것이다. 혁명적인 집단의 성격, 특히 프랑스 대혁명에 참여한 집단의 성격이 그들의 서술에 영향을 미쳤다는 것은 틀림없다. 이와 반대되는 주장은 사회제도 속에서 구현되며 사람들이 자신들의 삶을 보내는 안정된 집단이나 결사체에 대한 평가에서 나온다. 첫 번째 종류의 집단과 두 번째 종류의 집단의 관계는 마치 짧지만 높은 파도와 긴 바닷물결의 관계와 같다.

맥두걸William McDougall[*]은 그의 책《집단심리The Group mind》[11]에서 방금 언급한 것과 똑같은 모순에서 출발하지만, 그 모순의 해결책을 조직이라는 요인에서 찾는다. 가장 단순한 경우에는 집단이 조직을 전혀 갖지 않거나, 가진다 해도 언급할 만한 가치가 거의 없는 조직을 가진다고 그

---

[*] 미국의 심리학자(1871~1938)

[11] Cambridge, 1920.

는 말한다. 그는 그러한 집단을 군중crowd이라고 부른다. 그렇지만 거기서 적어도 조직의 최초 발단이 형성되지 않으면 인간 군중은 쉽게 생겨나지 않으며, 바로 이 단순한 집단에서 집단심리학의 몇 가지 근본적인 사실을 아주 쉽게 확인할 수 있다는 점을 맥두걸은 인정한다(22쪽). 우연히 모인 군중의 구성원들로 심리학적 의미에서의 집단이 형성되려면, 조건으로 다음과 같은 사실이 필요하다. 즉, 그 개인들이 무언가 서로 공통된 것을 갖고 있어야 한다는 사실이다. 예를 들면 어떤 대상에 대해 공통된 관심이 있다거나, 그 어떤 상황에서 느끼는 감정이 매우 비슷한 경향을 보인다거나, (나는 여기서 '그 결과로서'라는 말을 끼워놓고 싶다) 서로에 대해 어느 정도의 영향력을 지녀야 한다(23쪽). '이 정신적인 동질성'이 강해질수록 개인들은 더욱 쉽게 심리학적 집단을 이루며 '집단심리'의 출현도 더욱 뚜렷하게 나타난다.

집단 형성의 가장 주목할 만하면서도 동시에 가장 중요한 현상은 집단을 구성하는 모든 개인에게서 일어난 '감정의 고조나 강화'다(24쪽). 맥두걸이 생각하는 바에 따르면, 사람들의 감정은 다른 조건에서라면 집단에서 일어날 수 있을 정도의 높이로까지 커지는 일이 거의 없다는 것이다. 더욱이 자신들의 열정에 스스럼없이 몸을 맡기고 그렇게 해서 집단과 하나가 되어 자신들의 개체로서의 한계를 의식하지 않게 되는 것은 당사자들한테는 많은 즐거움을 주는 경험이다. 이처럼 개인들이 함께 넋을 잃게 되는 모습을 맥두걸은 그가 말하는 소위 '원초적인 공감 반응을 통한 직접적인 감정 감응의 원리principle of direct induction of emotion by way of the primitive sympathetic response'로 설명한다(25쪽). 즉, 우리가 이미 알고 있는 감정의 전염으로 설명한다. 어떤 감정 상태의 표시를 인지하면, 그것을 인지하는 사람에게도 자동적으로 똑같은 감정을 불러일으킨다는 것은 사실이다. 똑같은 감정을 동시에 느끼는 사람의 수가 많을수록 이 자동적인 충동도 더욱더 강해진다. 그다음에는 개인의 비판력이 침묵하면서 그도 똑같은 감정에 빠지게 된다. 그런데 이렇게 함으로써 그는 자신에게 영향을 미친 다른 사람들의 흥분을 더욱 고조시키며, 그리하여 개인의 감정적인 흥분은 상호감응으로 점점 강해진다. 여기에는 다른 사람들과 똑같이 해야 한다는 충동, 많은 사람과 일치해야 한다는 충동 같은 것이 작용하는 게 분명하다. 감정적인 충동이 거칠고 단순할수록 이런 식으로 집단에 퍼져나갈 가능성은 더욱 크다.

이 감정 고조의 메커니즘은 그 밖에도 집단에서 나오는 몇 가지 다른 영향의 도움을 받는다. 집단은 개인에게 무한한 힘을 가진 존재, 도저히 이겨낼 수 없는 위험한 존재라는 인상을 준다. 집단은 잠시 인간사회 전체를 대신한다. 이 사회는 사람들이 두려워하는 처벌을 내릴 수 있는 권위의 담당자다. 이 권위 때문에 사람들은 그토록 많은 금지를 감수해왔다. 사회에 반대하는 것은 분명히 위험하다. 주위에서 보여주는 예들을 따르는 것이, 게다가 경우에 따라서는 '대세에 편승하는 것'이 더 안전하다. 새로운 권위에 복종할 경우 사람은 이전以前의 '양심'을 활동하지 못하게 해도 될 것이며, 그때는 억제가 사라지면 틀림없이 얻을 수 있는 쾌감의 유혹에 굴복할 것이다. 따라서 대체로 집단 속의 개인이 일상적인 생활 조건에서라면 하지 않았을 일을 하거나 인정하는 것을 우리가 본다고 해서, 그리 놀랄 일이 아니다. 그리고 우리 자신도, 사람들이 '암시 Suggestion'라는 수수께끼 같은 말로 흔히 가리는 애매한 부분을 이런 식으로 해명할 것이라고 기대할 수 있다.

집단 속에서는 지성이 집단적으로 억제된다는 명제에 대해서는 맥두걸도 반대하지 않는다(41쪽). 지성이 낮은 사람들은 지성이 높은 사람들을 자신들의 수준으로 끌어내린다고 맥두걸은 말한다. 지성이 높은 사람들의 활동은 방해를 받는다. 그 이유는 대체로 감정의 고조가 올바른 정신작업에 불리한 조건을 만들어내는 데다가, 개인들은 집단에 의해 위축되어 자신들의 정신활동을 자유롭게 하지 못하기 때문이며, 아울러 모든 개인에게서는 자기 행동에 대한 책임의식이 약해지기 때문이다.

'조직화되지 않은' 단순한 집단의 정신 능력에 대해 맥두걸이 내리는 전체적인 판단은 르 봉의 경우와 마찬가지로 호의적이지 않다. "그러한 집단은 지나치게 감정적이고, 충동적이며, 난폭하고, 변덕스럽고, 일관성이 없으며, 우유부단하고, 행동이 극단적이고 거친 정열과 세련되지 못한 감정만을 드러내며, 암시받기가 대단히 쉽고, 경솔하게 생각하고 성급하게 판단하며, 단순하고 불완전한 형태의 추론밖에는 하지 못하고, 쉽게 동요하고 이끌리며, 자의식이 부족하고 자존심과 책임감이 없으며 자신들에게 힘이 있다는 생각에 사로잡혀서 무책임한 절대 권력에서나 볼 수 있는 모든 비행非行을 저지르는 경향이 있다. 따라서 집단의 행동은 그 평균적인 구성원의 행동과 비슷하기보다는 오히려 제멋대로 날뛰는 어린이나 낯선 상황에서의 배우지 못한 격정적인 야만인의 행동과 비슷하다. 그리고 최악의 경우에는 인간의 행동과 비슷하기보다는 야수의 행동과 비슷하다"(45쪽).

맥두걸은 고도로 조직화된 집단의 행동과 방금 서술한 집단의 행동을 대비시키기 때문에, 이 조직의 본질이 무엇이며 어떤 요인에 의해 그러한 조직이 생겨나는가에 대해서 우리는 특별한 관심을 가지게 된다. 맥두걸은 집단의 정신 상황을 더 높은 수준으로 올리는 데 필요한 다섯 가지 '주요 조건'을 열거하고 있다.

첫 번째의 기본적인 조건은 집단이 어느 정도의 지속성을 갖고 존속해야 한다는 것이다. 이 지속성은 실질적일 수도 있고 형식적일 수도 있다. 동일한 사람들이 오랫동안 집단에 남아 있다면, 이것은 실질적인 지속성이다. 집단 내부에 일정한 지위가 생겨나 사람들이 서로 교대하면서 그 지위를 차지한다면, 이것은 형식적인 지속성이다.

두 번째 조건은 집단을 구성하는 개인이 그 집단의 성질, 기능, 성과, 요구에 대해서 명확한 관념이 있어야 그 개인에게서 집단 전체와의 감정적인 유대관계가 생겨날 수 있다는 것이다.

세 번째 조건은 집단이 서로 비슷하지만 많은 점에서 차이가 있는 다른 집단들과 관계를 맺는 것, 예를 들면 그 집단이 그런 다른 집단들과 경쟁하는 것이다.

네 번째 조건은 집단이 전통, 관습, 관행을 갖는 것이다. 특히 그 구성원들의 관계에 서로 적용되는 그러한 것들을 갖는 것이다.

다섯 번째 조건은 집단에 체계적인 배열이 있어야 한다는 것이다. 그러한 배열은 개인에게 할당되는 일의 전문화와 분화로 표현되기 때문이다.

맥두걸에 따르면, 이러한 조건들이 충족되면 집단 형성이 정신에 미치는 해로운 점이 제거된다. 지적인 과제의 해결을 집단에 맡기지 않고 그 구성원인 개인에게 맡기면, 지적 능력의 집단적인 저하를 막을 수 있다.

맥두걸이 집단의 '조직화'라고 부른 조건은 다른 방식으로 기술하면 더 많은 타당성을 지닐 수 있을 것 같다. 과제는 개인의 특징이었으며 집단 형성으로 인해 그에게서 사라진 바로 그러한 성질들을 집단에 마련해주는 것이다. 왜냐하면 개인은—원시집단을 제외하면—자신의 계속성, 자신의 자의식, 자신의 전통과 관습, 자신의 특별한 작업 성과와 지위를 지녔으며, 경쟁하는 다른 사람들과는 떨어져 지내기 때문이다. 개인은 '조직화되지' 않은 집단에 들어감으로써 한동안 그러한 특성을 잃어버렸다. 집단에 개인의 속성을 부여하는 것이 우리의 목적이라고 인정한다면, 트로터Wilfred Trotter[12]의 많은 내용이 들어 있는 발언이 생각난다. 그는 집단 형성의 성향을 모든 고등 생물의 다세포 성질이 생물학적으로 계속 이어진 것으로 본다.[13]

---

12 《평화와 전쟁 때의 군집본능Instincts of the Herd in Peace and War》(1916), 〔윌프레드 트로터는 영국의 의사(1872~1939)로서 군집 본능에 대한 책을 써 당시에 큰 반향을 일으켰다〕.

13 한스 켈젠Hans Kelsen(1922)의 다른 점에서는 이해심이 많고 통찰력 있는 비판과는 달리 나는 다음과 같은 견해를 인정할 수 없다. 즉, 이처럼 《집단심리》에 조직화를 부여하는 것이 집단심리의 실체화를 의미한다는 견해, 다시 말하면 개인의 심리 과정과 무관함을 승인하는 것이라는 견해를 인정할 수 없다.

IV

암시와 리비도

우리는 집단 속의 개인이 집단의 영향으로 정신활동에서 종종 깊은 변화를 경험한다는 근본적인 사실로부터 출발했다. 감정 상태가 엄청나게 강해지고 지적 능력은 현저하게 제한된다는 이 두 가지 과정은 각 개인이 분명 집단 속의 다른 개인들에게 동화되는 방향으로 나아간다. 그런데 이런 결과는 모든 개인이 자신의 독특한 본능 억제를 중지하고 자신의 성향을 나름대로 표현하는 것을 포기할 때만 얻어질 수 있다. 우리는 이처럼 종종 달갑지 않은 결과를 적어도 부분적으로는 집단의 고도의 '조직화'로 막을 수 있다는 말을 들었다. 그러나 이것은 집단심리학의 기본적인 사실, 즉 원시적인 집단에서의 감정 고조와 사고 억제에 대한 두 명제와 모순되지 않는다. 이제 우리의 관심은 집단 속의 개인이 겪는 정신적인 변화에 대해서 심리학적 설명을 찾아내는 쪽으로 향한다.

앞에서 언급한 것처럼 개인이 집단의 위협에 겁을 먹고 자기보존 본능을 발동시키는 것과 같은 합리적인 요인은 추측하건대 관찰할 수 있는 현상을 모두 설명해주지는 못하는 것 같다. 그 밖에 사회학이나 집단심리학의 저자들이 우리에게 제공하는 설명은 이름이 바뀌긴 하지만 동일한 것이다. 그것은 암시라는 마술 같은 말이다. 타르드는 그것을 모방Nachahmung이라고 불렀다. 그러나 우리는 모방이 암시 개념에 포함되며, 심지어는 암시의 결과라고 비난하는 어떤 저자의 말에 동의하지 않을 수 없다.[14] 르 봉은 사회현상 중에서 놀라운 것은 모두 두 가지 요인, 즉 개인들의 상호암시와 지도자의 위세 탓으로 돌리고 있다. 그러나 위세는 오로지 암시를 불러일으키는 작용에서만 다시 표현된다. 맥두걸은 잠시 우리에게 그의 '일차적인 감정 감응' 원리가 암시의 가정을 불필요하게 한다는 인상을 주었다. 그러나 좀 더 자세히 고찰해보면, 우리는 이 원리가 감정적인 요인을 결정적으로 강조한다는 점만을 빼면 '모방'이나 '전염'이라는 잘 알려진 주장 이외의 다른 것은 말하지 않는다는 사실을 깨달을 수 있다. 우리가 다른 사람에게서 어떤 감정 상태의 징후를 알아차리면 그와 똑같은 감정에 빠지는 경향이 우리에게 있다는 것은 의심할 바 없다. 그러나 어째서 우리는 흔히 그 경향을 잘 견뎌내며, 그 감정을 받아들이지 않고 종종 정반대로 반응하는가? 그런데 왜 우리는 집단에 들어가기만 하면 전염에 굴복하는가? 사람들은 다시 다음과 같이 말할 것임이 틀림없다. 즉, 집단의 암시적인 영향력이 우리로 하여금 이 모방 경향에 복종할 수밖에 없게 해 우리에게서 감정을 유발시킨다고 말이다. 게다가 그 외에 우리는 맥두걸의 경우에서도 암시를 피해 갈 수 없다. 다른 사람들과 마찬가지로 그도 집단은 특유의 피암시성으로

---

14 브뤼제유Raoul Brugeilles, 《사회현상의 본질: 암시L'essence du phénomène social: la suggestion》(1913).

특징지어진다고 말한다.

우리는 이렇게 해서 암시(올바르게 말하면 피암시성)가 사실상 더 이상 다른 것으로 환원될 수 없는 원초적인 현상이며 인간의 정신생활에서 근본적인 사실이라는 진술을 들을 준비를 한다. 베르넴Hippolyte Bernheim* 도 같은 의견이었는데, 나는 1889년 그의 놀라운 기술을 목격했다. 그러나 나는 당시에도 이 암시의 횡포에 대해서 숨이 막힐 듯한 적개심을 느낀 것을 기억해낼 수 있다. 환자가 좀처럼 최면 상태에 들어가지 않자, 의사는 이렇게 외쳤다. "도대체 뭘 하고 있는 거예요? 자기한테 반대 암시를 걸다니!" 이것을 보고 나는 분명히 잘못된 것이며 폭력 행위라고 생각했다. 의사가 암시로 자신을 굴복시키려고 할 때, 환자는 당연히 자신에게 반대 암시를 걸 권리가 있을 것이다. 이러한 저항감 때문에 나중에 나는 모든 것을 암시로 설명하면서도 암시 자체는 설명하지 못한다는 것에 반발하는 입장을 취하게 되었다. 이와 관련해서 나는 오래된 수수께끼를 되새겨 보았다.[15]

> 크리스토프는 그리스도를 들었고
> 그리스도는 전 세계를 들었다.
> 그러면 크리스토프는 그때 어디에
> 발을 딛고 있었는가?

나는 약 30년 동안 암시라는 수수께끼에서 멀리 있었다가 이제 다시

---

* 프랑스의 정신 의학자(1839~1919)

15 콘라드 리히터Konrad Richter, 《독일의 성 크리스토프Der deutsche ST. Christoph》, Berlin 1896, Acta Germanica Ⅴ, 1.

그 수수께끼에 다가갔는데, 내가 보기에는 변한 것이 없었다. 사실 이렇게 주장하긴 하지만 단 하나의 예외가 있다. 그 예외는 바로 정신분석의 영향을 입증한다. 사람들이 암시 개념을 정확하게 공식화해 그 명칭의 사용을 관용적으로 고정시키려고 특별히 애쓴다는 것을 나는 알고 있다.[16] 그리고 이것은 쓸모없는 짓이 아니다. 왜냐하면 암시라는 말이 점점 폭넓게 사용되면서 그 의미가 점점 더 느슨해지고 있기 때문이다. 그러다가는 그 말이 곧 임의의 모든 영향력을 가리키게 될 것이다. 영어에서 '암시하다to suggest'와 '암시suggestion'가 독일어의 '시사하다nahelegen'와 '자극Anregung'과 일치하는 것처럼 말이다. 그러나 암시의 본질에 대해서는 설명이 없었다. 즉, 충분한 논리적 근거도 없이 영향력이 행사되는 조건에 대해서는 설명이 없었다. 나는 지난 30년 동안의 문헌을 분석해 이 주장을 증명하는 일을 회피할 생각은 없지만, 바로 이 일을 떠맡은 철저한 조사가 내 주위에서 준비되고 있다는 것을 알기 때문에, 여기서는 하지 않겠다.[17]

그 대신 신경증 연구에 큰 도움을 준 리비도libido 개념을 사용해 집단 심리를 해명하려고 시도할 것이다. 리비도는 감정 이론에서 나온 표현이다. 우리는 사랑이라는 말로 포괄할 수 있는 모든 것과 관련 있는 본능의 에너지를 리비도라고 부르는데, 이 에너지는 그 양이 많은 것으로 (현재로서는 측정할 수 없지만) 여겨진다. 우리가 사랑이라고 부르는 것의 핵심은 당연히 성적 결합을 목적으로 삼는 성애性愛다. 이것이 사람들이 일반적으로 사랑이라고 부르고 시인들이 노래하는 것이다. 그러나 우리는

---

16 예를 들면 맥두걸의 《암시에 관한 노트A Note on Suggestion》(1920)
17 1924년에 추가된 주: 그 후 이 작업은 유감스럽게도 실현되지 못했다.

이 성애를 그 밖에도 사랑이라는 이름과 관계있는 것(즉, 한편으로는 자기애自己愛, 또 한편으로는 부모나 자식에 대한 사랑, 우정, 일반적인 인간애)과 구분하지 않으며, 또한 구체적인 대상이나 추상적인 관념에 대한 헌신과도 구분하지 않는다. 구분하지 않는 것이 옳다는 근거는 정신분석 연구가 이 모든 경향이 동일한 본능적인 충동의 표현이라고 가르쳐주었다는 사실에 있다. 이 본능적인 충동은 남녀 사이에서는 성적 결합을 갈구하지만, 다른 상황에서는 이 성적 목적에서 밀려나거나 그 목적 달성이 저지당한다. 그렇지만 이 본능적인 충동은 그 통일성을 알아볼 수 있을 만큼 언제나 충분히 자신의 처음 특성을 보존한다(자기희생, 접근하고자 하는 시도).

따라서 우리는 다음과 같이 생각한다. 즉, 언어가 '사랑'이라는 말의 다양한 쓰임새를 통합한 것은 전적으로 정당하며, 이것을 과학적인 논의나 서술의 기초로 삼는 것이 상책이라고 말이다. 이러한 결정을 함으로써 정신분석은 마치 양식에 어긋나는 개혁이라도 저지른 것처럼 분노의 폭풍을 불러일으켰다. 그렇지만 정신분석이 사랑을 이처럼 '확대해서' 이해한 것은 결코 독창적인 것이 아니다. 철학자 플라톤이 말한 '에로스Eros'는 그 기원, 기능 그리고 성애와의 관계에서 정신분석이 말하는 사랑의 힘, 즉 리비도와 완전히 일치한다. 나흐만존Max Nachmansohn과 피스터Oskar Pfister가 상세히 설명한 것처럼 말이다.[18] 그리고 유명한 고린도서에서 사도 바울이 다른 무엇보다 사랑을 찬양할 때, 그가 그것을 똑

---

18 Max Nachmansohn, 《플라톤의 에로스론과 비교한 프로이트의 리비도이론Freuds Libidotheorie verglichen mit der Eroslehre Platos》, Internationale Zeitschrift für Psychoanalyse Ⅲ(1915); Oskar Pfister, 《정신분석의 선구자로서의 플라톤Plato als Vorläufer der Psychoanalyse》, Internationale Zeitschrift für Psychoanalyse Ⅶ (1921)

같이 '확대된' 의미로 이해했다는 것은 확실하다.[19] 여기서는 사람들이 위대한 사상가들을 매우 찬미한다고 말하지만, 그들의 말을 항상 진지하게 받아들이지는 않는다는 것을 알 수 있을 뿐이다.

이제 정신분석에서는 이 사랑의 본능을 그 가장 중요한 요소와 기원 때문에 성적 본능이라고 부른다. '교양 있는 사람들'은 대부분 이렇게 이름 붙인 것을 모욕으로 느끼고, 정신분석에 '범성욕주의Pansexualismus'라는 비난을 퍼부으며 보복했다. 성욕을 인간의 본성을 부끄럽게 하고 그품위를 떨어뜨리는 것으로 생각하는 사람은 좀 더 점잖은 표현인 에로스나 에로틱이라는 말을 사용해도 좋다. 나 자신도 처음부터 그렇게 할수 있었으며, 또 그렇게 했다면 많은 반대를 모면했을 것이다. 그러나 나는 그렇게 하고 싶지 않았다. 왜냐하면 소심함 때문에 양보하는 것은 기꺼이 피하고 싶기 때문이다. 그런 식으로 양보하다 보면 결국 어떻게 될지 알 수 없다. 처음에는 말에서 양보하지만, 나중에는 내용에서도 점차양보하게 된다. 성욕을 부끄러워하는 것이 어떤 이득이 있는지 나는 이해할 수 없다. 에로스라는 그리스어가 창피함을 덜하게는 하겠지만, 그말은 결국 사랑Liebe이라는 우리 독일어의 번역에 불과하다. 그리고 마지막으로, 기다릴 줄 아는 사람은 양보할 필요가 없다.

그러므로 우리는 사랑 관계(중립적으로 표현하면 감정 유대)도 집단심리의 본질을 이룬다는 전제로 시험해볼 것이다. 저술가들이 그러한 관계에 대해서는 언급하지 않았다는 것을 기억하자. 사랑 관계에 해당하는것이 암시라는 우산이나 병풍 뒤에 숨어 있는 게 분명하다. 우리의 기대

---

19 "내가 인간의 여러 언어와 천사의 언어로 말한다 하여도 나에게 사랑이 없다면, 나는 요란한 징이나 소란한 꽹과리에 지나지 않습니다."(고린도 전서 13장 1절)

는 우선 스쳐 가는 두 가지 생각에 의지한다. 첫째, 집단은 분명히 그 어떤 힘에 의해 결합되어 있다는 것이다. 그런데 이러한 위업을 세상의 모든 것을 결합시키는 에로스 이외에 어떤 힘의 탓으로 돌릴 수 있겠는가? 둘째, 개인이 집단 속에서 자신의 특성을 포기하고 다른 사람들에게서 암시받는다면, 이는 다른 사람들과 대립하기보다는 그들과 일치하고 싶은 욕구가 그에게 있기 때문이며, 그러니까 아마도 '그들을 사랑해서 ihnen zuliebe' 그가 그렇게 하는 것 같다는 인상을 준다.

V

두 개의 인위적인 집단: 교회와 군대

집단 형태론에 근거하면, 우리는 집단의 매우 상이한 종류와 그 집단들의 대립되는 형성 방향을 구분할 수 있다는 생각이 든다. 매우 일시적인 집단이 있고 상당히 오래가는 집단이 있다. 같은 종류의 개인들로 이루어진 동질적인 집단이 있고, 비동질적인 집단이 있다. 자연스럽게 생겨난 집단이 있고, 그 결속을 위해서 어떤 외적인 강제마저 필요로 하는 인위적인 집단이 있다. 원시적인 집단이 있고, 체계를 지닌 고도로 조직화된 집단이 있다. 그 이유는 나중에 설명하겠지만, 우리는 이 문제를 다룬 저자들이 거의 주목하지 않은 구분에 특별한 가치를 두고 싶다. 내가 생각하는 것은 지도자가 없는 집단과 지도자가 있는 집단의 구분이다. 그리고 통상적인 관행과는 정반대로, 우리는 비교적 단순한 집단 형성을 출발점으로 삼지 않고 고도로 조직화되었으며 지속적이고 인위적인 집단에서 시작할 것이다. 그러한 구성물 중 가장 흥미로운 예는 신자들의 공동체인 교회와 군인들의 집단인 군대다.

교회와 군대는 인위적인 집단이다. 말하자면 그것들이 해체되는 것을 막고[20] 구조에 변화가 일어나는 것을 억제하기 위해 어떤 외적인 강제를 사용한다. 그런 집단에 들어가기를 원하는지 아닌지에 대해서는 일반적으로 개인의 의사가 고려되지 않으며 또는 개인에게 선택권을 주지 않는다. 그리고 집단을 탈퇴하려고 시도하면 보통 박해나 심한 처벌을 받거나, 아니면 아주 명확한 조건이 붙는다. 이런 결사체들이 왜 그토록 특별한 안전장치를 필요로 하는가는 우리 관심에서 현재 아주 멀리 떨어져 있다. 우리의 관심을 끄는 것은 단 한 가지 사정이다. 그 사정이란, 어떤 다른 곳에서는 훨씬 더 많이 감춰져 있는 일정한 관계를 그 고도로 조직화된 집단(즉, 그러한 방식으로 붕괴가 방지되는 집단)에서 아주 분명하게 확인할 수 있다는 것이다.

교회(우리는 편의상 가톨릭교회를 보기로 삼을 수 있다)와 군대가 그 밖의 점에서는 다를지도 모르지만, 이 두 집단에서는 집단의 모든 개인을 평등한 사랑으로 대하는 우두머리(가톨릭교회에서는 그리스도, 군대에서는 총사령관)가 있다는 똑같은 기만(환상)이 통용된다. 모든 것은 이 환상에 달려 있다. 환상이 사라지면, 외적인 강제가 작용할 경우 교회와 군대는 곧 붕괴할 것이다. 그리스도는 이 평등한 사랑을 분명히 말했다. "너희가 여기 있는 내 형제 중에 지극히 작은 자 하나에게 한 것이 곧 내게 한 것이니라."[*] 그리스도는 신자집단의 개개인과 선량한 형제 같은 관계를 맺고 있다. 그리스도는 그들에게서 아버지를 대신한다. 개개인에 대한 모든 요구는 그리스도의 이러한 사랑에서 유래한다. 그리스도 앞에서는 모든 이가 평등하며 모든 사람이 그리스도의 사랑을 똑같이 받는다는

---

20 집단에서는 '안정된stabil'이라는 속성과 '인위적인künstlich'이라는 속성은 서로 일치하거나 적어도 밀접하게 연관되어 있는 것 같다.

* 마태복음 25장 40절

바로 그 이유 때문에, 민주주의 특징이 교회 속에 들어온다. 기독교 공동체와 가족의 유사성이 강조되고, 신자들이 서로를 그리스도 안에서 형제라고 부르는 데는(즉, 그리스도가 자신들에게 보이는 사랑을 통해 서로를 형제라고 부르는 데는) 깊은 이유가 있다. 모든 개인이 그리스도와 유대를 맺는 것은 또한 그들 서로가 유대를 맺는 원인이기도 하다는 것은 의심할 바 없다.

군대도 마찬가지다. 총사령관은 그의 모든 병사를 똑같이 사랑하는 아버지이며, 이런 이유에서 병사들은 서로 동지가 된다. 군대는 그러한 집단들의 계급 구조로 이루어져 있다는 점에서 교회와는 구조적으로 다르다. 모든 중대장은 말하자면 부대의 총사령관이자 아버지이며, 모든 하사관은 소대의 총사령관이자 아버지다. 교회에도 비슷한 계급제도가 형성되어 있지만, 교회에서는 군대에서와 똑같은 경제적인* 역할을 하지 않는다. 인간인 총사령관보다 그리스도 당신이 개인에 대해 더 다양한 지식과 관심이 있을 것으로 여겨지기 때문이다.

군대가 리비도의 구조를 지녔다는 이런 견해에 대해서는 다음과 같은 이유로 반대하는 사람이 당연히 있을 것이다. 즉, 조국이나 국가의 영광이라는 이념이나 그 밖에 군대의 결속에 매우 중요한 이념이 여기서는 설 자리가 없었다고 말이다. 이에 대해서는, 군대가 더 이상 그토록 단순하지 않은 또 다른 경우의 집단 형성이라고 대답할 수 있다. 카이사르, 발렌슈타인Albrecht von Wallenstein**, 나폴레옹 같은 위대한 군사령관들의 예가 보여주는 것처럼, 그런 이념이 군대의 존속에 필수불가결한 것은

---

* '관련된 정신적 힘을 양적으로 분배하는 데 있어서'라는 뜻
** 독일 황제군의 장군(1583~1634)

아니다. 지도적인 이념이 지도자를 대신할 가능성이나 이 둘 사이의 관계에 대해서는 나중에 짧게 말할 것이다. 군대에서 이 리비도 요인을 무시하는 것은—그것이 유일한 작용요인은 아니더라도—이론적인 결함이 될 뿐만 아니라 실제적인 위험도 되는 것 같다. 독일의 과학만큼이나 비심리학적이었던 프로이센의 군국주의는 아마도 제1차 세계대전에서 그것을 경험했음이 틀림없을 것이다. 독일 군대를 해친 전쟁 신경증은 대부분 군대에서 자신에게 요구된 역할에 대한 개인의 반항으로 확인되었다. 지멜Ernst Simmel의 보고서[21]에 따르면, 부하가 상관한테서 무자비한 대우를 받은 것이 발병 동기 중 맨 위에 있었다고 주장할 이유가 충분히 있다. 이 리비도 요구의 가치를 좀 더 잘 인정했더라면 아마도 미국 대통령의 14개 조항 같은 허황된 약속을 그리 쉽게 믿지 않았을 것이며, 훌륭한 병기가 독일의 전쟁 명인들 손에서 파괴되지는 않았을 것이다.

이 두 인위적인 집단에서는 각 개인이 한편으로는 지도자(그리스도, 총사령관)와 다른 한편으로는 집단의 다른 개인들과 리비도로 결합되어 있다는 것에 주목하자. 이 두 결합이 서로 어떻게 관련되어 있는지, 두 결합이 같은 종류에 속하며 같은 가치를 가지는지 등의 문제들은 앞으로 연구해야 할 과제일 것이다. 그러나 우리는 저술가들이 집단심리에서 지도자의 중요성을 충분히 인정하지 않았다는 사실에 대해서는 지금이라도 경미하게나마 비판을 과감하게 해야 할 것이다. 반면 우리는 이것을 첫번째 연구 대상으로 선택했기 때문에 유리한 처지에 있게 되었다. 우리는 집단심리의 주요 현상, 즉 집단 속에서의 개인의 부자유를 설명할 올

---

21 《전쟁 신경증과 '정신적 외상'Kriegsneurosen und 'Psychisches Traumata'》(1918), München. [에른스트 지멜은 독일의 신경학자이자 정신분석가(1882~1947)이다.]

바른 길에 들어선 것처럼 보일 것이다. 각 개인에게서 그처럼 강렬한 감정 유대가 두 방향으로 존재한다면, 우리는 그의 인격에서 관찰되는 변화와 제한을 그러한 관계에서 이끌어내는 데 어려움이 없을 것이다.

집단의 본질이 집단 안에 존재하는 리비도 유대에 있다고 시사하는 단서는 공황Panik현상에서도 찾아볼 수 있는데, 이 현상은 군대 집단에서 가장 잘 연구할 수 있다. 그러한 집단이 붕괴되면 공황이 일어난다. 공황의 특징은 상관의 어떤 명령에도 더 이상 귀를 기울이지 않고, 모든 개인이 자기 자신만을 걱정하고 다른 사람에 대해서는 신경 쓰지 않는 것이다. 상호유대가 끊기고 거대하고 무분별한 공포가 만연한다. 물론 여기서도 다시 이의를 제기하는 사람이 있을 것이다. 오히려 반대로, 공포가 매우 커졌기 때문에 다른 사람을 배려하는 마음과 유대를 모두 내팽개쳐 버릴 수 있었다고 말이다. 맥두걸(1920a, 24)은 심지어 그가 강조한 전염('일차적인 감응')에 의한 감정 고조의 전형적인 예로 공황(군대의 공황은 아니지만)의 경우를 들기까지 했다. 그러나 이 합리적인 설명 방식이 여기서는 완전히 길을 잘못 들었다. 정말로 설명이 필요한 것은 '공포가 왜 그처럼 엄청나게 커졌는가'다. 위험이 커졌다는 것에 그 책임을 돌릴 수는 없다. 왜냐하면 지금 공황에 빠진 그 군대는 이전에 그만한 위험이나 더 큰 위험을 나무랄 데 없이 극복할 수 있었기 때문이다. 임박한 위험과는 아무 관계 없이 공황이 아주 사소한 계기로 일어나는 경우가 종종 있다는 것이 바로 공황의 본질이다. 공황의 불안을 느끼는 개인이 자기만을 염려하기 시작한다면, 이는 그가 다음과 같이 인식하게 되었다는 사실을 입증하는 것이다. 즉, 그때까지 그로 하여금 위험을 과소평가하게 했던 감정 유대가 끊어졌다는 것을 말이다. 이제는 그가 위험을 혼자 대하기 때문에 틀림없이 그것을 더 크게 평가할 것이다. 따라서 사정은 다음과 같다. 즉, 공황의 공포는 집단의 리비도 구조가 이미 이완되었다는 것을 의미하고 이 이완에 당연한 방식으로 반응하는 것이다. 이와 반대로, 집단의 리비도 유대가 위험에 대한 공포 때문에 무너진 것이 아니다.

이 견해는 집단 속의 공포가 감응(전염)을 통해 엄청나게 커진다는 주장과 절대 모순되지 않는다. 위험이 진짜 크고 집단에 강력한 감정 유대가 존재하지 않는 경우에는 맥두걸의 견해가 전적으로 들어맞는다. 그런 조건들은 예를 들어 극장이나 유흥업소에서 불이 날 때 충족된다. 교훈적이고 우리 목적에 이용되는 경우는 위에서 언급한 경우다. 즉, 위험이 평소보다 늘어나지 않았고 그 정도의 위험은 여러 번 잘 견뎌냈는데도 군부대가 공황에 빠지는 경우다. '공황'이라는 말의 쓰임새가 분명하게 한 가지 의미로 규정되기를 기대할 수는 없다. 그 말은 때때로 집단 공포를 가리키고 어느 때는 모든 한계를 넘어서는 개인의 공포를 가리키기도 하지만, 정당하다고 할 만한 구실도 없이 공포가 발생하는 경우에 그 명칭이 빈번히 사용되는 것 같다. '공황'이라는 말을 집단 공포라는 의미로 받아들이면, 우리는 광범위하게 유추할 수 있다. 개인의 공포는 큰 위험으로 야기되거나, 아니면 감정 유대(리비도 집중)의 포기로 야기된다. 후자의 경우는 신경증으로 인한 공포의 경우다.[22] 마찬가지로 공황도 모두와 관련된 위험의 고조로 생겨나거나, 아니면 집단을 결속시키는 감정 유대가 끊겨서 생겨난다. 그리고 이 후자의 경우는 신경증에 의한 공포와 비슷하다(이에 대해서는 흥미롭긴 하지만 조금 상상이 지나친

---

22 다음을 보라.《정신분석 입문 강의Vorlesungen zur Einführung in die Psychoanalyse》(Freud, 1916~1917)

벨라 폰 펠제기Bela von Felszeghy의 논문《공황과 범汎 콤플렉스Panik und Pankomplex》
(1920)를 참조하라).

맥두걸처럼(인용한 곳에서) 공황을 '집단심리'의 가장 분명한 기능 중
하나로 기술한다면, 이 집단심리가 그 가장 이목을 끄는 표현 중 하나(공
황)에서 스스로 사라진다는 역설에 도달한다. 공황이 집단 붕괴를 뜻한
다는 것은 의심의 여지가 없을 것이다. 공황은 다른 때라면 집단의 개인
들이 서로에게 나타내는 모든 배려의 정지를 초래한다.

공황이 발발하는 전형적인 계기는 유디트Judith와 홀로페르네스
Holofernes에 대한 헤벨Christian Friedrich Hebbel의 희곡을 패러디한 네스트로
이Johann N. E. A. Nestroy의 작품에 묘사된 것과 비슷하다.* 한 병사가 "장군
님 목이 달아났다"고 외치자, 아시리아인들은 모두 도망쳤다. 어떤 의미
에서든 지도자를 잃거나 지도자에 대한 불안이 생겨나면, 위험은 전과
다름이 없어도 공황이 발발한다. 지도자와의 유대가 사라지면―일반적
으로―집단 구성원들의 상호유대도 사라진다. 집단은 뾰족한 끝을 부수
면 전체가 터져버린 볼로냐산産의 작은 병Bologneser Fläschen[23]처럼 흩어져
사라진다.

---

* 크리스티안 프리드리히 헤벨은 독일의 극작가(1813~1863)로 1840년에 5막으로 된 비극
  《유디트Judith》를 발표했다. 이 작품은 구약성서 외경外經인 《유디트 서書》에서 소재를 취
  한 것이다. 여주인공 유디트가 위기에 처한 유대민족과 조국을 구하기 위해 적장 호르페르
  네스에게 몸을 바치고 그를 죽였는데, 유디트 자신은 그것이 조국애와 하느님의 뜻에 따
  른 행위라고 생각했지만 그 동기가 자신의 욕망과 상처받은 여자의 자존심 때문이었음을
  깨닫고는 망연자실한다는 내용이다. 요한 네스트로이는 오스트리아의 배우이자 극작가
  (1801~1862)로 19세기 중엽 오스트리아 대중연극의 대표자다. 국내외의 명작들을 패러디
  한 풍자 희극을 많이 발표했다.

23 1716년 아스마데이가 고안해내고 볼로냐인 발비가 기술한 피스톤 모양의 작은 병으로 길
   이가 약 8cm이며 둥근 바닥에는 엄지손가락 넓이의 움푹 파인 곳이 있다. 위는 열려 있으
   며 특히 밑바닥은 매우 두꺼운 유리병인데 이것은 다른 유리병처럼 냉각기에서 천천히 식

종교 집단의 붕괴는 관찰하기가 그리 쉽지 않다. 가톨릭 쪽에서 전해져 내려오고 있으며 런던의 주교가 추천한《어두워졌을 때When it was dark》라는 영어 소설*이 얼마 전에 내 손에 들어왔다. 이 소설은 종교 집단이 붕괴될 가능성과 그 결과를 솜씨 있게, 그리고 내가 보기에는 적절하게 묘사했다. 현재를 배경으로 하는 이 소설은 그리스도와 기독교 신앙을 반대하는 자들이 공모해 예루살렘에서 어떤 무덤을 우연히 찾아낸 것처럼 속이는 데 성공하는 과정을 그리고 있다. 이 무덤의 비문에는 아리마대 요셉이 신앙심 때문에 그리스도가 매장된 지 사흘째 되는 날 시체를 몰래 무덤에서 파내어 이곳에 묻었다고 고백하는 말이 적혀 있다. 이것으로 그리스도의 부활과 그의 신성이 부정된다. 이 고고학적 발견으로 말미암아 유럽 문명은 동요하고 갖가지 폭력 행위와 범죄가 놀랄 정도로 늘어난다. 이런 사태는 위조자들의 음모가 탄로 난 뒤에야 비로소 사라진다.

이 소설에서 가정한 종교 집단의 붕괴 시 나타나는 것은 공포가 아니다. 그러기에는 계기가 없다. 나타나는 것은 다른 사람들에 대한 무자비하고 적대적인 충동이다. 이것은 그때까지는 그리스도의 평등한 사랑 덕택에 표출될 수 없었다.[24] 그러나 신자 공동체에 속하지 않고, 그리스도

힌 것이 아니라, 만들자마자 즉시 공기로 급속하게 냉각시킨 것이다. 이때 빨리 식은 표면층에는 내부층과는 다른 장력이 만들어진다. 이렇게 하면 표면을 조금만 해쳐도 결합력이 없어진다. 그 병의 두꺼운 밑바닥은 아주 강한 망치질도 견뎌낸다. 그러나 작은 뾰족한 돌조각을 움푹 파인 곳에 떨어뜨리면, 그 병은 깨져서 산산조각이 난다(마이어Meyer의 대백과사전(1905)에서).

* 영국의 기자이자 소설가 레인저 걸C. A. E. J. W. Ranger Gull(1876~1923)이 가이 손Guy Thorne이라는 필명으로 발표한 소설. 1903년 출간 후 50만 부나 팔린 베스트셀러였다.

24 이 점에 대해서는, 페데른Paul Federn이《혁명의 심리학을 위해: 아버지 없는 사회Zur

를 사랑하지 않으며, 또 그리스도가 사랑하지 않은 사람들은 그리스도의 왕국이 존속하는 동안에도 이러한 유대 바깥에 머물러 있다. 따라서 스스로를 사랑의 종교라고 말하더라도, 종교란 자신에게 속하지 않는 사람들에게는 가혹하고 매정할 수밖에 없다. 사실 근본적으로 모든 종교는 그 종교를 믿는 모든 이에게는 사랑의 종교이지만, 그 종교를 믿지 않는 사람들에 대해서는 무자비하고 너그럽지 못하다. 이는 모든 종교의 자연스러운 속성이다. 개인적으로는 신자들을 비난하지 않기가 어렵겠지만, 그러한 이유로 신자들을 너무 심하게 비난해서는 안 된다. 종교를 믿지 않는 사람이나 종교에 무관심한 사람은 이 잔인함과 편협함이라는 점에서는 훨씬 더 부담을 안 느끼기 때문이다. 이 불관용이 오늘날에는 더 이상 지난 수 세기처럼 폭력적이고 잔인한 모습을 나타내지 않지만, 그렇다고 해서 우리는 인간의 행동이 부드러워졌다고 결론짓기는 어려울 것이다. 그 원인은 오히려 종교 감정과 이것에 의존하는 리비도 유대가 명백하게 약해진 데서 찾아야 한다. 다른 집단 유대가 종교적인 집단 유대를 대신한다면—지금은 사회주의의 집단 유대가 그렇게 하는 데 성공한 것처럼 보이는데—종교전쟁 시대와 똑같은 불관용이 그 바깥에 있는 사람들을 향해 나타날 것이다. 그리고 과학에서의 견해 차이가 집단에서 이와 비슷한 의미를 얻을 수 있다면, 이런 동기 유발 때문에도 똑같은 결과가 반복될 것이다.

Psychologie der Revolution: die vaterlose Gesellschaft》(1919)에서 국부國父의 권위 폐지 후 일어나는 비슷한 현상에 대해 설명한 것을 참조하라. (파울 페데른은 오스트리아 출신의 미국 심리학자(1871~1950)다.)

VI

그 밖의 과제와 연구 방향

    우리는 지금까지 두 개의 인위적인 집단을 연구했다. 두 집단 모두 두 종류의 감정 유대에 지배받으며, 이 두 감정 유대 중에서 지도자와의 감정 유대가―적어도 이 두 집단에게는―다른 감정 유대, 즉 집단 속의 개인들 상호 간의 감정 유대보다 더 중요한 것 같다는 사실을 우리는 알아냈다.

    집단의 형태에 관해서는 아직도 연구하고 기술할 것이 많이 있을 것이다. 우리는 그 안에 그러한 두 유대가 형성되지 않는 한 단순한 인간 무리는 아직 집단이 아니라는 사실을 깨닫는 것에서 출발해야겠지만, 그 어떤 인간 무리에도 심리적 집단을 형성하려는 경향이 매우 쉽게 나타난다는 사실을 인정해야 할 것이다. 우리는 자연발생적으로 생겨나 다소 지속성을 유지하는 여러 종류의 집단에 관심을 기울여서, 이런 집단이 생겨나거나 붕괴되는 조건을 연구해야 할 것이다. 무엇보다도 지도자를 가진 집단과 지도자가 없는 집단 간의 차이에 몰두해야 할 것이다. 지도자를 가진 집단이 더 원시적이고 완전한 집단은 아닌지, 지도자가 없는 집단에서는 지도자가 어떤 이념이나 추상적인 관념으로 대체될 수는 없는지(보이지 않는 우두머리를 지닌 종교집단은 이미 이런 상태로 가는 과도기에 있다), 공통된 경향이나 다수의 사람이 공유할 수 있는 소망이 똑같은 대체 역할을 하는지 못하는지에 대해서 몰두해야 할 것이다. 이 추상적인 관념은 말하자면 이차적인 지도자라는 인물 속에서 다시 다소간에 완전히 구현될 수 있을 것이며, 이념과 지도자 간의 관계에서 흥미로운 여러 가지 사실이 나타날 것이다. 지도자나 지도 이념은 소위 부정적인 것이 될 수도 있을 것이다. 특정한 개인이나 제도에 대한 증오도 긍정적인 애착만큼이나 사람들을 통합시키는 영향을 미칠 수 있으며, 또한 그 긍정적인 애착이 불러일으키는 것과 비슷한 감정 유대를 불러일으킬 수 있을 것이다. 그렇다면 '지도자가 집단의 본질에 정말로 필수불가결한 것인가'라는 의문을 비롯한 많은 의문이 생겨난다.

그러나 이 모든 문제가 부분적으로는 집단심리학 문헌에서도 다루어졌을지 모르지만, 집단의 구조를 다룰 때 우리가 직면하는 심리학적인 근본 문제로부터 우리의 관심을 다른 데로 돌리게 하지는 않을 것이다. 우리는 우선 집단을 특징짓는 것이 리비도 유대라는 증거로 우리를 가장 빨리 데려다 줄 수 있는 고찰에 관심을 쏟을 것이다.

일반적으로 사람들이 서로에 대해서 어떤 감정 상태에 있는지에 주목해보자. 추위에 떠는 고슴도치에 관한 쇼펜하우어Arthur Schopenhauer의 유명한 비유에 따르면, 누구도 다른 사람이 너무 가까이 접근하는 것을 참지 못한다.[25]

정신분석이 증명한 바에 따르면, 두 사람 사이에 오래 지속되는 친밀한 감정 관계—결혼, 우정, 부모와 자식 간의 관계[26]—는 거의 모두 적대적인 거부 감정의 앙금을 지니고 있지만, 이것은 억압되어 있기 때문에 인지되지 않을 뿐이다. 동료 간에 다툴 때나 부하가 상사에 대해서 불평할 때, 그것이 노골적으로 드러난다. 사람들이 좀 더 큰 단위로 모일 때도 똑같은 일이 일어난다. 두 집안이 혼인으로 맺어질 때마다 각 집안은 상대방 집안보다 자기네가 더 낫거나 신분이 더 높다고 생각한다. 이웃한 두 도시는 서로 질투하는 경쟁 상대가 된다. 아무리 작은 마을이라도 다른 마을을 경멸하며 깔본다. 바로 인접한 두 종족은 서로 멀리한다. 남부 독일인은 북부 독일인을 좋아하지 않고, 잉글랜드인은 스코틀랜드인에게 온갖 험담을 퍼붓는다. 스페인인은 포르투갈인을 경멸한다. 독일인에 대한 프랑스인의 반감, 셈족에 대한 아리아족의 반감, 유색인에 대한 백인의 반감처럼 차이가 더 커질 경우 극복하기 어려운 반감이 생겨난다는 것은 더 이상 우리를 놀라게 하지 않는다.

적대감이 보통 사랑하는 사람을 향하면, 우리는 그것을 양가감정 Gefühlsambivalenz이라고 부른다. 그리고 우리는 그러한 경우를, 바로 그처럼 가까운 관계에서 아주 자주 일어나는 이해갈등을 구실 삼아 확실히 너무나도 합리적인 방식으로 이해한다. 친밀한 관계에 있는 다른 사람에게 노골적으로 드러내는 혐오감과 반감에서 우리는 자기애, 즉 나르시시즘의 표현을 볼 수 있다. 이 자기애는 자기 의견을 관철하려고 애

---

25 "어느 추운 겨울날 고슴도치 한 무리가 서로의 체온을 이용해 얼어 죽는 것을 면하려고 아주 가까이 밀집했다. 그렇지만 그들은 곧 서로의 가시를 느끼고 다시 떨어졌다. 하지만 온기에 대한 욕구가 그들을 다시 가까이 모이게 했고, 그러나 또다시 불상사가 반복되었다. 그래서 그들은 두 개의 고통(추위와 가시) 사이에서 오락가락하다가, 마침내 가장 잘 견딜 수 있는 적당한 거리를 찾아냈다." 《여록과 보유Parerga und Paralipomena》 제2부 제31장 〈비유와 우화〉)

26 아마도 단 하나의 예외가 있다면, 그것은 어머니와 아들의 관계일 것이다. 이 관계는 나르시시즘에 근거하고 있어, 나중에 생겨나는 경쟁에 방해받지 않고 성적인 대상 선택의 시작에 의해 강화된다.

쓸 뿐만 아니라, 자신의 독특한 발전 방향에서 벗어나는 일에 대해서는 그것이 마치 그 방향에 대한 비판이자 방향을 바꾸라는 요구인 것처럼 반응한다. 세세한 차이에 왜 그처럼 민감하게 반응하는지 우리는 모른다. 그러나 틀림없는 사실은 인간의 이러한 행동에서 당장이라도 표현할 수 있는 증오심과 공격성이 드러난다는 것이다. 이 공격성의 출처는 알려져 있지 않지만, 사람들은 거기에 기본적인 성격을 부여하고 싶어 한다.[27]

그러나 집단이 형성되면 이 모든 불관용이 일시적으로든 영구적으로든 집단 안에서는 사라진다. 집단 형성이 지속되거나 확대되는 한에서는, 개인들은 같은 방식으로 행동한다. 그들은 다른 사람의 독특한 개성을 참아내고, 자신을 그와 같다고 생각하며 그에게 어떤 반감도 품지 않는다. 우리의 이론적인 견해에 따르면, 이런 나르시시즘의 제한은 오직 한 가지 요인에 의해서만 생겨날 수 있는데, 그것은 다른 사람들과의 리비도 유대다. 자신에 대한 사랑을 가로막는 장애물은 오직 다른 사람에 대한 사랑, 즉 대상에 대한 사랑뿐이다.[28] 그러면 즉시 질문을 제기하는 사람이 있을 것이다. 즉, 리비도가 기여하는 바는 전혀 없고 본질적으로 이해관계로 얽힌 공동체는 다른 사람에게 참을성과 배려심을 나타낼 수 없는가 라고 말이다. 이런 이의는 다음과 같은 답변을 얻게 될 것이다. 즉, 그러한 식으로는 지속적인 나르시시즘 제한이 일어나지 않는다

---

27 최근에(1920)에 출간한 저서《쾌락 원칙을 넘어서Jenseits des Lustprinzips》에서 나는 사랑과 증오의 양극성을 삶의 본능과 죽음의 본능 사이에 있을 것으로 추측되는 대립과 관련시키려고 했으며 또한 성 본능이 전자, 즉 삶의 본능을 가장 순수하게 대표하는 것으로 제시하려고 시도했다.

28 다음을 보라.《나르시시즘 입문Zur Einführung des Narziβmus》(1914c)

고 말이다. 그러한 관용은 다른 사람들과의 협력에서 얻어지는 직접적인 이익보다 더 오래 지속되지 않기 때문이다. 그러나 이 쟁점의 실제적인 가치는 사람들이 생각하는 것보다는 작다. 왜냐하면 협력하는 경우에는 동료들 사이에 매번 리비도 유대가 일어나며, 이러한 유대는 그들 간의 관계를 이익을 넘어설 정도로 연장하고 고정해주기 때문이다. 사람들의 사회적 관계에서도 똑같은 일이 일어나는데, 이것은 개인의 리비도가 발달하는 과정을 연구하는 정신분석가에게는 잘 알려졌다. 리비도는 삶에서의 큰 욕구를 만족시키는 것에 따르기 때문에 이와 관련된 사람들을 첫 번째 대상으로 선택한다. 그리고 개인의 경우와 마찬가지로, 인류 전체의 발전에서도 사랑만이 이기주의에서 이타주의로 변화시킨다는 의미에서 문명화 요인으로 작용했다. 이때 말하는 사랑이란 여성에 대한 사랑(여기에는 여성에게 소중한 것을 해치지 않겠다는 의무감도 포함된다)뿐만 아니라, 공동작업에서 생겨나는 다른 남성에 대한 동성애(성욕에서 벗어난 승화된 사랑)도 포함한다.

따라서 집단 안에서는 나르시시즘적인 자기애의 제한이 나타나지만 이 제한이 집단 밖에서는 작용하지 않는다면, 이는 확고하게 다음과 같은 사실을 가리킨다. 즉, 집단 형성의 본질이 집단 구성원 서로 간에 존재하는 새로운 종류의 리비도 유대에 있다는 것을 말이다.

그런데 이제 우리의 관심은 집단 안에서의 이 유대가 어떤 종류인지를 묻지 않을 수 없게 한다. 정신분석의 신경증 학설에서는 지금까지 거의 전적으로 그 대상과의 그러한 사랑 본능의 결합, 그것도 직접적인 성적 목적을 추구하는 사랑 본능의 결합에 몰두했다. 집단에서는 그러한 성적 목적이 문제될 수 없다는 것은 분명하다. 우리가 여기서 다루는 것은 본래의 목적에서 벗어난 사랑의 본능이지만, 본래의 목적에서 벗어났다 해도 그 본능의 힘이 줄어든 것은 아니다. 그런데 통상적인 성적 대상에의 리비도 집중의 범위 안에서 우리는 이미 본능이 그 성적 목적에서 벗어난 것에 해당하는 현상을 발견했다. 우리는 그 현상을 사랑에 빠진 정도로 기술했으며, 아울러 그 현상이 어느 정도의 자아 약화를 수반한다는 것을 인식했다. 이제는 사랑에 빠져 있는 현상에서 다음과 같은 관계, 즉 집단 안에서의 유대로 전용될 수 있는 관계를 찾아낼 수 있다는 근거 있는 기대 속에서 그 현상에 철저히 주의를 기울여보자. 그렇지만 우리는 그 밖에도 다음과 같은 것들을 알고 싶다. 즉, 이러한 종류의 대상에의 리비도 집중이—우리가 성생활에서 알고 있는 것처럼—다른 사람과 감정 유대의 유일한 방식을 나타내는지, 또는 우리가 아직도 그와 같은 다른 메커니즘을 고찰 속에 끌어들여야 하는지도 알고 싶다. 우리는 사실 정신분석의 경험을 통해 또 다른 감정 유대 메커니즘이 있다는 것을 알고 있다. 그것은 충분히 알려지지 않고 서술하기 어려운 소위 동일시Identifizierung라는 현상인데, 이에 대한 연구는 우리를 이제 집단심리학이라는 주제에서 한동안 멀리 떼어놓을 것이다.

VII

동일시

정신분석에서는 동일시가 다른 사람과의 감정 유대에서 가장 먼저 나타나는 표현으로 알려졌다. 이것은 오이디푸스 콤플렉스에 이르는 과정에서 하나의 역할을 한다. 어린 사내아이는 아버지한테 특별한 관심을 나타낸다. 그는 아버지처럼 되고 싶어 하며, 아버지처럼 되어 모든 면에서 아버지를 대신하고 싶어 한다. 원한다면 우리는 그가 아버지를 자신의 이상으로 삼는다고 말할 수 있다. 이러한 태도는 아버지에 대한 (그리고 대체로 남성에 대한) 수동적이거나 여성적인 입장과는 아무 관계가 없다. 그 태도는 오히려 아주 남성적이다. 그것은 오이디푸스 콤플렉스와 아주 잘 어울린다. 왜냐하면 그 태도는 이 콤플렉스를 준비하는 데 도움을 주기 때문이다.

이처럼 아버지와 동일시하는 것과 동시에, 어쩌면 그 이전에라도 사내아이는 전형적인 의존 인물로서 어머니에게 적절한 대상 리비도 집중을 실행하기 시작했다. 따라서 사내아이는 그때 심리학적으로 구분되는 두 개의 유대를 나타낸다. 어머니에 대해서는 분명하게 성적인 대상 리비

도 집중을, 아버지에게는 본보기로 삼는 동일시를 나타낸다. 이 두 유대
는 서로 영향을 주거나 방해하지 않고 한동안 나란히 존재한다. 정신생
활의 통일이 멈추지 않고 진전되면서 그 두 유대는 마침내 만나며, 이 합
류를 통해 정상적인 오이디푸스 콤플렉스가 생겨난다. 사내아이는 아버
지가 어머니와 결합하려는 자신을 방해하고 있다는 것을 알아차린다.
아버지와의 동일시가 이제는 적대적인 색채를 띠게 되고, 어머니에 대해
서도 아버지를 대신하고 싶은 원망과 일치한다. 동일시는 바로 처음부
터 양가감정적이다. 동일시는 정애情愛의 표현이 될 수도 있지만, 누군가
를 제거하고 싶은 원망이 될 수도 있다. 동일시는 리비도가 조직되는 첫
단계인 구순기口脣期의 파생물처럼 작용한다. 이 단계에서는 갈망하고 존
중하는 대상을 먹어버림으로써 자기 것으로 만들며, 이렇게 해서 대상
자체를 없애버린다. 알려진 바와 같이 식인종이 남아 있는 것은 이러한
관점에서다. 식인종은 적을 게걸스럽게 먹는데, 자기가 좋아하는 사람
만 먹어치운다.[29]

이 아버지와의 동일시가 나중에 어떻게 되는지를 사람들은 쉽게 놓
쳐버리고 있다. 그다음에는 오이디푸스 콤플렉스가 역전되어 나타날 수
있다. 즉, 아버지를 여성적인 태도의 대상으로 삼아 직접적인 성 본능의
충족을 아버지한테서 기대하는 일이 일어날 수 있다. 그럴 경우 아버지
와의 동일시가 아버지와의 대상 유대의 전조가 된다. 이와 똑같은 일은
그에 상응하는 대체물(어머니)이 있는 어린 딸에게도 해당한다.

아버지와의 그러한 동일시와 아버지를 대상으로 선택하는 것의 차이

---

29 내가 쓴 《성욕에 관한 세 편의 에세이》(1916)와 아브라함Karl Abraham의 《리비도의 초
기 발달 단계에 관한 연구Untersuchungen Über die früheste prägenitale Entwicklungsstufe
Libido》(Internationale Zeitschrift für Psychoanalyse, IV. 1916)를 보라.

를 하나의 공식으로 말하기는 쉽다. 첫 번째 경우에 아버지는 그가 되고 싶어 하는 존재이며, 두 번째 경우에는 그가 갖고 싶어 하는 존재다. 따라서 그 차이는 유대가 자아의 주체에서 시작하는가, 아니면 자아의 대상에서 시작하는가에 있다. 그러므로 전자의 유대는 성적인 대상 선택 이전에 이미 있을 수 있다. 이 차이를 초심리학적으로* 명백하게 서술하기는 훨씬 어렵다. 우리가 알 수 있는 것은 동일시란 다른 사람을 '본보기'로 삼아 자신의 자아를 그와 비슷하게 형성하려고 애쓰는 것이라는 사실뿐이다.

　신경증 증상이 형성될 때 나타나는 동일시를 복잡한 맥락에서 떼어내 생각해보자. 어린 여자아이(지금은 이 여자아이에 주목할 것이다)가 어머니와 똑같은 고통 증세, 예를 들면 고통스러운 기침에 시달리고 있다고 가정해보자. 이것은 이제 여러 가지 방식으로 진행될 수 있다. 첫째, 동일시가 오이디푸스 콤플렉스에서 나오는 것일 수 있다. 그럴 경우 동일시는 어머니를 대신하고 싶어 하는 여자아이의 적대적인 욕망을 의미하며, 이 증세는 아버지에 대한 대상애對象愛를 표현한다. 그 증세는 죄의식의 영향을 받으면서도 어머니를 대신하고 싶은 욕망을 실현한다. 너는 어머니가 되고 싶어 했는데, 지금 그렇게 되었다. 적어도 고통에 있어서는 말이다. 이것이 히스테리 증세 형성의 완벽한 메커니즘이다. 둘째, 그러나 이 증세가 사랑하는 사람의 것과 똑같은 것일 수 있다(예를 들면《히스테리 분석의 단편Bruchstück einer Hysterie-Analyse》에서 도라Dora가 아버지의 기침

---

* 초심리학metapsychologie은 프로이트가 만들어낸 용어로서 정신분석의 토대가 되는 이론적인 가정들을 정의하고 규정하는 핵심개념이다. 즉 심리 현상의 연구 대상인 의식현상을 넘어서, 그 의식의 기초가 되고 그것을 규정하고 있는 무의식을 연구 대상으로 삼는 학문을 말한다.

을 흉내 내는 것처럼 말이다). 이 경우 우리는 대상 선택 대신 동일시가 나타났고 대상 선택이 동일시로 퇴행했다고 사태를 기술할 수 있을 뿐이다. 우리는 동일시가 감정 유대의 가장 초기에 나타나는 원초적인 형태라는 것을 알고 있다. 히스테리 증세가 형성되는 상태, 말하자면 억압이 존재하며 무의식의 메커니즘이 지배하는 상태에서는 대상 선택이 다시 동일시되고, 따라서 자아가 대상 자체의 특성을 받아들이는 일이 종종 일어난다. 주목할 만한 것은 이 동일시에서 자아가 어떤 때는 사랑하지 않는 사람을 모방하고, 또 어떤 때는 사랑하는 사람을 모방한다는 것이다. 두 경우 모두 동일시가 부분적이며 지극히 제한된 것이어서 대상으로 삼은 인물의 한 가지 특징만 빌려 온다는 것도 우리의 관심을 끌지 않을 수 없다.

증세 형성의 세 번째 경우는 특히 중요하고 흔한 것인데, 이것은 동일시가 모방하는 인물과의 대상 관계를 완전히 도외시하는 경우다. 예를 들어 기숙학교의 한 여학생이 남몰래 사랑하는 누군가에게서 그녀의 질투심을 불러일으키는 편지를 받았을 때 그녀가 히스테리 발작을 일으키며 반응했다면, 이것을 알고 있는 그녀의 몇몇 친구도 발작을 일으킬 것이다. 우리가 말하는 것처럼, 심리적 전염을 통해서 말이다. 이 메커니즘은 자신을 똑같은 상황에 놓을 수 있는 능력이나 그렇게 하고 싶은 욕망에 근거한 동일시의 메커니즘이다. 다른 여학생들도 비밀 연애를 하고 싶어 하고, 죄의식의 영향 때문에 그에 따른 고통도 받아들인다. 그 여학생들이 동정심에서 그런 증세를 갖게 되었다고 주장한다면, 이는 옳지 않을 것이다. 그와는 반대로 동정심은 동일시에서만 생겨난다. 이전부터 존재하는 양자 간의 공감이 기숙 여학교 친구들 사이에 흔히 있는 것보다 더 적다고 가정되는 상황에서도 그러한 전염이나 모방이 이루어진다는 사실이 이를 증명한다. 한 자아가 다른 자아에게서 어떤 점에서(우리가 든 예에서는 똑같은 감정을 받아들일 수 있다는 점에서) 의미 있는 유사점을 인지하면, 그러한 이유로 이 점에서 동일시가 생겨난다. 그리고 증세를 일으키는 상황의 영향을 받아 이 동일시는 한 자아가 일으킨 증세로 옮겨 간다. 그러므로 증세를 통한 동일시는 억압된 채로 있게 될 두 자아의 일치점을 나타내는 표시다.

우리는 이 세 가지 원천에서 배운 것을 다음과 같이 요약할 수 있다. 첫째, 동일시는 대상과의 감정 유대가 가장 처음에 나타나는 형태다. 둘째, 동일시는 퇴행적인 방법으로, 말하자면 자아 속에 대상을 투입하는 것을 통해 대상과의 리비도 유대를 대신한다. 셋째, 동일시는 성 본능의 대상이 아닌 어떤 사람과의 공통점을 새롭게 지각하면 일어날 수 있다. 이 공통점이 중요하면 할수록 그 부분적인 동일시는 더욱더 성공적으로 일어날 수 있으며, 따라서 그것은 새로운 유대의 시작이 될 수 있다.

집단 속 개인들 간의 상호유대에는 중요한 감정 일치를 통한 그러한 동일시의 성질이 있다는 것을 우리는 이미 예감한다. 그리고 우리는 이 일치가 지도자와의 유대의 성질에 들어 있다고 추측할 수 있다. 우리가 동일시 문제를 충분히 다룬 것은 결코 아니라는 또 다른 예감이 든다. 즉, 우리는 심리학에서 '감정이입Einfühlung'이라고 부르는 과정에 직면했다는 예감이 든다. 감정이입은 우리 자아가 잘 모르는 다른 사람을 이해하는 데 가장 큰 역할을 한다. 그러나 여기서는 동일시가 감정에 미치는 직접적인 결과에만 우리의 관심을 국한시키고, 그것이 우리의 지적 생활에서 지니는 의미는 제쳐놓겠다.

정신분석 연구는 이미 어려운 정신병 문제도 때때로 공략했기 때문에, 곧바로 이해할 수 없는 다른 몇 가지 경우에서의 동일시도 우리에게 밝혀줄 수 있었다. 나는 이러한 경우 중 두 가지를 우리의 폭넓은 고찰 자료로 삼아 상세히 다룰 것이다.

남성 동성애의 발생은 많은 경우 다음과 같다. 어린 남자아이는 오이 디푸스 콤플렉스라는 의미에서 어머니에게 유난히 오랫동안 강렬하게 집착했다. 그렇지만 사춘기가 지나면, 어머니를 다른 성적 대상으로 교체할 때가 마침내 온다. 이때 갑작스러운 방향 전환이 일어난다. 젊은이는 어머니를 포기하지 않고 자신을 어머니와 동일시한다. 그는 자신을 어머니로 바꾸고, 이제는 그에게 자신의 자아를 대신해줄 수 있는 대상, 즉 그가 어머니한테서 받았던 것처럼 자신이 사랑하고 돌볼 수 있는 대상을 찾는다. 이것은 흔한 일로 마음만 먹으면 자주 확인할 수 있는 과정이다. 이것은 당연히 그 갑작스러운 변화의 유기체적 동인이나 동기에 대한 어떤 가설과도 전혀 관계없다. 이 동일시에서 눈길을 끄는 것은 그 내용이 풍부하다는 것이다. 이 동일시는 가장 중요한 부분(즉, 성적 특성)에서, 이제까지 대상이었던 본보기에 따라 자아를 변화시킨다. 그때 대상 자체는 포기된다. 대상이 완전히 포기되는지, 아니면 무의식 속에 남아 있다는 의미로만 포기되는지는 여기서 논의할 문제가 아니다. 그러한 대상의 대체물로서 포기되거나 잃어버린 대상과의 동일시, 즉 그 대상을 자아 속에 투입하는 것은 우리에게는 물론 더 이상 새로운 것이 아니다. 이런 과정은 때때로 어린아이에게서 직접 관찰할 수 있다. 얼마 전 그러한 관찰이 〈국제 정신분석 잡지〉에 발표되었다. 새끼 고양이를 잃고 상심한 아이가 이제부터는 자기가 새끼 고양이라고 선언하고는 새끼 고양이처럼 네 발로 기어 다니고 밥도 식탁에서 먹지 않으려고 했다는 것이다.[30]

그러한 대상 투입의 또 다른 예는 우울증 분석이 제공했다. 이 분석은 사랑하는 대상의 실제적인 또는 감정적인 상실을 우울증이 일어나는 가장 분명한 이유 중 하나로 치고 있다. 이런 경우의 주요 특징은 가차 없는 자기비판이나 심한 자기질책과 결합된 자아의 지독한 자기비하다. 이러한 평가와 비난은 근본적으로 대상에 해당되며 그 대상에 대한 자아의 보복을 나타낸다는 것을 분석은 밝혀냈다. 대상의 그림자가 자아 위에 드리워진 것이라고 나는 다른 곳에서 말한 바 있다.[31] 대상의 투입이 여기서는 오인할 여지가 없을 정도로 명백하다.

그러나 이런 우울증은 우리에게 또 다른 것을 보여주는데, 이것은 나중에 행할 고찰에서 중요한 것이 될 수 있다. 우울증은 자아가 나누어지는 것을 보여준다. 자아가 두 조각으로 분리되어 그중 하나가 다른 하나에 대해서 분노한다. 그 다른 조각은 투입으로 인해 변화된 것으로, 잃어버린 대상을 포함한다. 그러나 그토록 잔인하게 활동하는 첫 번째 조각도 우리에게 알려지지 않은 것이 아니다. 거기에는 양심, 즉 결코 아주 무자비하게 또는 부당하게 대립하지 않을 뿐 평소에도 자아와 비판적으로 대립하는 자아 속의 비판 심급審級이 들어 있다. 이미 전에 기회가 있을 때, 우리는 다음과 같은 가정을 했을 것이다(《나르시시즘 입문》,《슬픔과 우울증》). 즉, 우리의 자아 속에는 그러한 심급이 발달되어 있으며, 이것은 다른 자아와 분리되어 있어 이 자아와 갈등할 수 있다고 말이다. 우리는 그것을 '자아 이상Ichideal'이라고 불렀으며, 그 기능이 자기관찰, 도덕적인 양심, 꿈 검열, 억압에서 주된 영향력을 행사하는 것으로 생각했

---

30 마르쿠셰비치Roman Markuszewicz, 《아동의 자폐적 사고에 대한 논문Beitrag zum autistischen Denken bei Kindern》(Internationale Zeitschrift für Psychoanalyse, Ⅵ 1920)

31 《슬픔과 우울증Trauer und Melancholie》(1917)

다. 우리가 말했듯이, 그 심급은 어린이의 자아가 자신에게 만족했던 처음의 나르시시즘의 유산일 것이다. 그렇지만 그 심급은 점차 주변 환경의 영향으로 요구사항을 받아들일 것이다. 그 주변 환경이 자아에게 제시하지만 자아가 항상 따라갈 수는 없는 요구사항을 말이다. 따라서 인간은 자신의 자아 자체에 만족할 수 없을 때도 자아에서 분화된 자아 이상에서는 만족을 찾을 수 있을 것이다. 그 외에도 우리가 확인한 바로는 그 심급의 붕괴가 관찰 망상에서 명백해지며, 이때 이 붕괴는 권위의 영향, 무엇보다도 부모의 영향에서 유래한다.[32] 그러나 우리는 다음과 같은 사실도 잊지 않고 언급했다. 즉, 자아 이상과 실제 자아 간의 거리가 개인마다 아주 다를 수 있으며, 많은 사람의 경우 자아 내부의 이런 분화가 어린이의 경우보다 더 많이 진행되지는 않는다고 말이다.

그러나 집단의 리비도 조직을 이해하기 위해 이 자료를 이용하기 전에, 우리는 대상과 자아 간의 몇 가지 다른 상호관계를 고찰해야 한다.[33]

---

32 《나르시시즘 입문》
33 우리는 병리학에서 얻는 이런 예들로는 동일시의 본질을 철저히 규명하지 못했으며, 따라서 집단 형성의 수수께끼 가운데 일부는 손도 대지 못한 채로 내버려두었다는 것을 아주 잘 알고 있다. 이 문제에 관해서는 훨씬 더 근본적이고 포괄적인 심리학적 분석이 개입해야 할 것이다. 동일시에서 모방을 거쳐 감정이입으로 이어지는 길은 하나다. 이 길을 따라가면, 우리는 타인의 정신생활에 대해 어떤 태도를 취할 수 있게 해주는 메커니즘을 이해할 수 있다. 또한 현재 존재하는 동일시의 표현에도 아직 설명해야 할 것이 많이 있다. 이 동일시가 그중에서도 특히 낳는 결과는 자신과 동일시한 사람에 대해서는 공격을 제한하고 그를 용서하며 그에게 도움을 준다는 것이다. 예를 들어 씨족사회의 근저에 놓여 있는 그런 동일시에 대한 연구를 통해, 로버트슨 스미스William Robertson Smith(《혈족과 결혼Kinship and Marriage》, 1885)는 동일시가 공통된 내용을 인정하는 것에 기인하며, 따라서 함께 식사하는 것으로도 생겨날 수 있다는 놀라운 결과를 밝혀냈다. 이러한 특징 때문에, 그러한 동일시는 내가《토템과 터부》에서 구성한 인간 가족의 초기 역사와 관련될 수 있다.

VIII

사랑에 빠진 상태와 최면

말을 아무렇게나 쓴다 할지라도 언어 관용慣用은 여전히 어떤 현실에 충실하다. 따라서 언어 관용은 아주 다양한 감정관계를 '사랑Liebe'이라고 부른다. 우리 역시 그것을 이론적으로는 사랑으로 총괄하지만, 이때 그 사랑이 진정하고 올바르며 참된 것인지는 다시 의심한다. 그러므로 언어 관용은 사랑이라는 현상 안에 갖가지 가능성이 존재한다는 것을 암시한다. 관찰을 통해서 똑같은 현상을 찾아내는 것은 우리에게도 어렵지 않을 것이다.

일련의 경우에는 사랑에 빠진 상태란 직접적인 성적 만족을 목표로 하는 성 본능 쪽에서의 대상 리비도 집중에 지나지 않으며, 이 목적이 달성되면 그 대상에의 리비도 집중도 사라진다. 이것이 사람들이 일상의 관능적인 사랑이라고 부르는 것이다. 그러나 알다시피, 리비도의 상황이 그처럼 단순한 채로 있는 경우는 드물다. 방금 사라진 욕구가 되살아나리라는 것을 확실하게 기대할 수 있으며 이것이야말로 성적 대상에 지속적으로 집중하게 하고, 또한 성욕이 없는 동안에도 그 대상은

'사랑하는' 첫 번째 동기였음이 틀림없다.

인간의 애정생활이 거치는 발달 과정에서 매우 주목할 만한 두 번째 요인이 추가된다. 대개 다섯 살이 되면 끝나는 첫 단계에서는 아이가 첫 번째 사랑의 대상을 어머니나 아버지한테서 찾았으며, 만족시켜 줄 것을 요구하는 아이의 성 본능은 모두 이 대상에 집중되었다. 그때 나타나는 억압은 이 아이의 성적 목적 중 대부분을 포기할 것을 강요했으며, 부모와의 관계에 깊은 변화를 남겼다. 아이는 여전히 부모와 유대를 맺고 있지만, '목적이 금지된' 본능이라고 부를 수밖에 없는 본능으로 부모와 유대를 맺고 있다. 아이가 이제부터 이 사랑하는 사람들에 대해서 느끼는 감정은 '정애적zärtliche'이라고 말할 수 있는 것이 된다. 이전의 '관능적인sinnlichen' 성향이 무의식 속에 다소 강하게 보존되어 있어, 어떤 의미에서는 본래의 충만된 경향이 계속 존재한다는 것은 잘 알려진 사실이다.[34]

사춘기와 함께 직접적인 성적 목적을 향한 아주 강렬한 새로운 충동이 시작된다는 것은 잘 알려졌다. 순조롭지 못한 경우 이 충동은 지속적인 '정애적인' 감정 방향과 분리된 채 관능적인 경향으로 남는다. 그러면 어느 문예사조가 기꺼이 미화한 두 가지 모습을 지닌 하나의 광경이 나타난다. 성인 남자는 자신이 매우 존경하는 여자들에게 열광하는 성향을 나타내지만, 이들에게서는 성관계를 할 만큼 자극받지 않는다. 그는 자신이 '사랑하지' 않고 하찮게 여기거나, 심지어는 경멸하는 다른 여자들과 성관계를 할 수 있을 뿐이다.[35] 그러나 청소년은 비관능적인 숭고

---

34 다음을 보라.《성욕에 관한 세 편의 에세이》(1905)
35 《성생활의 가치가 가장 일반적으로 저하되는 것에 대하여Über die allgemeinste Erniedrigung des Liebeslebens》(1912)

한 사랑과 관능적인 세속적 사랑을 어느 정도 합치는 데 성공하는 경우가 빈번하며, 그와 성적 대상의 관계는 금지되지 않은 본능과 목적이 금지된 본능의 상호작용으로 특징지어진다. 사랑에 빠진 상태의 정도는 목적이 금지된 정애 본능Zärtlichkeitstriebe이 순전히 관능적인 욕망과 대비해서 차지하는 몫의 크기로 측정할 수 있다. 이 사랑에 빠진 상태와 관련해서 우리는 처음부터 성적인 과대평가 현상(즉, 사랑의 대상은 비판받지 않는 어느 정도의 특권을 누리며, 그 대상의 모든 특징이 사랑하지 않는 사람보다 또는 그 대상을 사랑하지 않게 되었을 때보다 더 높게 평가된다는 사실)에 부딪힌다. 관능적인 충동이 어느 정도 효과적으로 억압되거나 무시되면, 그 대상이 지닌 정신적인 장점 때문에 그 대상을 관능적으로도 사랑하게 되었다는 착각이 생겨난다. 하지만 반대로 관능적인 호감이 먼저 그 대상에게 그러한 정신적인 장점을 부여했을지도 모른다.

여기서 판단을 왜곡시키는 경향이 이상화Idealisierung다. 그러나 이것으로 우리가 나가야 할 방향을 찾기가 더 쉬워진다. 대상이 자신의 자아처럼 다루어지기 때문에, 사랑에 빠진 상태에서는 많은 양의 나르시시즘적 리비도가 그 대상으로 흘러들어 간다는 것을 우리는 알 수 있다. 사랑의 선택이 나타내는 많은 모습에서 눈에 띄는 것은 그 대상이 자신이 도달하지 못한 자아 이상을 대신하는 역할을 한다는 것이다. 우리가 대상을 사랑하는 이유는 자신의 자아를 위해 얻고자 애쓴 완전함을 그 대상이 나타내기 때문이다. 우리는 자신의 나르시시즘을 만족시키기 위해 이런 우회적인 방법으로 그 완전함을 얻고 싶어 한다.

성적인 과대평가와 사랑에 빠진 정도가 더 커지면, 상황에 대한 해석은 점점 더 정확해진다. 직접적인 성적 만족을 요구하는 경향은 이제 완전히 뒤로 밀려날 수 있다. 예를 들면 열정적인 사랑에 사로잡힌 젊은이의 경우에서 흔히 일어나는 것처럼 말이다. 자아는 점점 까다롭지 않게 되고 겸손해지며, 대상은 점점 훌륭해지고 소중해진다. 마침내 대상은 자아의 자기애 전체를 사로잡는다. 따라서 자아의 자기희생이 그 당연한 결과가 된다. 말하자면 대상이 자아를 완전히 소모해버렸다. 순종, 나르시시즘의 제한, 자기손상의 특징이 사랑에 빠진 경우에는 언제나 나타난다. 극단적인 경우에는 그러한 특징들만 강화되는데, 관능적인 요구가 후퇴하면 그것들만 남아 지배한다.

실현할 수 없는 불행한 사랑의 경우에는 이런 일이 특히 쉽게 일어난다. 성적인 만족을 얻을 때마다 성적인 과대평가는 언제나 또다시 줄어들기 때문이다. 대상에 대한 자아의 이러한 '헌신Hingabe'은 이제 어떤 추상적인 관념에 대한 승화된 헌신과 더 이상 구분되지 않는다. 어쨌든 그러한 헌신과 동시에 자아 이상에 할당된 기능은 완전히 멈춘다. 자아 이상은 이 심급에서 행하는 비판을 더 이상 말하지 않는다. 대상이 하거나 요구하는 것은 모두 다 옳고 흠잡을 데 없다. 대상을 위해 하는 일에는 모두 양심이 적용되지 않는다. 사랑에 눈이 멀었을 때에는 범죄자가 되어도 후회하지 않는다. 이 모든 상황은 다음과 같은 공식으로 완전히 요약될 수 있다. 대상이 자아 이상의 자리를 대신 차지했다.

동일시와 극단적인 형태의 사랑에 빠진 상태(사람들은 이것을 마음이 홀린 상태, 사랑에 예속된 상태라고 부른다)의 차이는 이제 쉽게 기술할 수 있다. 첫 번째 경우에는 자아가 대상의 속성으로 더 풍요로워졌다. 페렌치 Sándor Ferenczi[*]의 표현에 따르면, 자아가 대상을 자신 속에 '투입'했다. 두

---

[*] 헝가리의 정신분석가(1873~1933). 1908년에 프로이트를 만나 오랫동안 그의 친구이자 협력자로 활동했다.

번째 경우에는 자아가 가난해진다. 자아는 대상에 굴복했으며 자신의 가장 중요한 구성요소의 자리에 대상을 놓았다. 그러나 좀 더 자세히 숙고해보면, 이러한 설명은 존재하지 않는 대립을 마치 존재하는 것처럼 여기게 한다는 것을 곧바로 알아차릴 수 있다. 경제적으로 가난해지거나 풍요로워지는 것이 아니다. 극단적인 사랑의 상태도 자아가 대상을 자신 속에 투입했다는 식으로 기술할 수 있다. 아마도 다른 구분이 오히려 본질을 찌를 것이다. 동일시의 경우에는 대상이 없어지거나 포기된다. 그다음에는 대상이 자아 안에서 다시 확립되고, 자아는 사라진 대상을 본보기로 삼아 부분적으로 변한다. 극단적인 사랑의 경우에는 대상이 그대로 남아 있으며, 자아 쪽에서 자신을 희생해가며 대상 자체에 지나치게 리비도를 집중한다. 그러나 이 점에 대해서도 의심이 생겨난다. 동일시가 대상에의 리비도 집중의 포기를 전제로 한다는 것은 확실한가? 대상이 그대로 있는 상태에서는 동일시가 일어날 수 없는가? 그리고 이 까다로운 문제를 논의하기 전에, 이미 다음과 같은 통찰이 우리에게 떠오를 수 있다. 즉 또 다른 양자택일, 말하자면 '대상이 자아를 대신하는지 아니면 자아 이상을 대신하는지'라는 양자택일에 이러한 사정의 본질이 들어 있다는 통찰이 떠오를 수 있다.

사랑에 빠진 상태와 최면은 서로 거리가 멀지 않은 것은 분명하다. 둘 간의 일치가 눈에 띈다. 최면술사에 대해서나 사랑하는 대상에 대해서나 똑같이 겸손하게 순종하고, 복종하며, 무비판적이다. 자신의 주도권을 똑같이 빼앗긴다. 최면술사가 자아 이상의 자리를 차지했다는 것은 의심할 바 없다. 최면 상태에서는 모든 사정이 더욱 분명하고 강렬해질 뿐이다. 따라서 사랑에 빠진 상태를 최면 상태로 설명하기보다는 그 반대로 하는 것이 더 적절할 것이다. 최면술사가 유일한 대상이며, 그 이외의 다른 것에는 주의를 기울이지 않는다. 자아는 최면술사가 요구하거나 주장하는 것을 꿈처럼 경험하는데, 이러한 사실은 우리가 자아 이상의 기능을 말할 때 현실 검증 작용도 언급하지 않았다는 것을 상기시킨다.[36] 그러나 자아 이상에 이러한 기능을 부여하는 것이 정당한지에 대해서는 의문의 여지가 있는 것 같다. 이에 대해서는 철저한 논의가 필요하다. 평소에 현실 검증의 과제를 떠맡는 심적 심급이 그 현실성을 보증한다면, 자아가 어떤 지각을 현실로 간주하는 것은 결코 놀라운 일이 아니다. 금지되지 않은 성적 목적을 지닌 충동이 전혀 없다는 것이 그 현상을 극도로 순수하게 하는 데 크게 기여한다. 최면 관계는 성적 만족이 배제된 상태에서 무제한적인 사랑의 헌신이다. 반면 사랑에 빠진 상태에서는 그러한 성적 만족이 일시적으로만 제쳐놓은 것일 뿐, 나중에 목적 달성이 가능한 것으로 뒷전에 머물러 있다.

그러나 다른 한편으로는 최면 관계가—이런 표현이 허용된다면—두 사람으로 이루어진 집단 형성이라고 말할 수도 있다. 최면 상태는 집단 형성과 비교하기에 좋은 대상이 아니다. 최면 상태는 오히려 집단 형성과 같기 때문이다. 최면은 집단의 복잡한 구조에서 한 가지 요소, 즉 지도자에 대한 집단 속 개인의 태도를 따로 떼어낸다. 최면 상태는 직접적인 성적 충동이 빠져 있다는 점에서 사랑에 빠진 상태와 구분되는 것처럼, 수가 제한되어 있다는 점에서 집단 형성과 구분된다. 이 점에서는 최면 상태가 사랑에 빠진 상태와 집단 형성 사이에 중간을 차지한다.

바로 목적이 금지된 성적 충동이 사람들 간의 매우 지속적인 유대를 얻는 것은 보기에도 흥미롭다. 그러나 이것은 다음과 같은 사실로 쉽게

---

36 《꿈의 학설에 대한 초심리학적 보완Metapsychologische Ergänzung zur Traumlehre》(1917)

이해된다. 즉, 금지되지 않은 성적 충동은 그때마다의 성적 목적을 달성할 때 배출을 통해 현저한 감소를 겪지만, 목적이 금지된 성적 충동은 완전한 만족을 얻을 수 없다는 사실이다. 관능적인 사랑은 충족되면 사라지게 되어 있다. 관능적인 사랑이 지속될 수 있으려면, 그것은 처음부터 순전히 정애적인 요소(말하자면 목적이 금지된 요소)와 혼합되거나 그런 것으로 변형되어야 한다.

최면 상태를 지금까지 직접적인 성 충동을 배제한 사랑에 빠진 상태로 설명했는데, 그 최면 상태 자체가 이러한 합리적인 설명에서 벗어나는 특징을 지니지 않았다면, 그것은 우리에게 집단의 리비도 구조의 수수께끼를 확실하게 풀어줄 것이다. 최면에는 아직도 이해되지 않은 신비로운 점이 많다는 것을 인정해야 한다. 그것에는 우세한 힘을 가진 자와 힘이 없고 의지할 데 없는 자의 관계에서 나오는 마비 상태라는 부가물이 들어 있는데, 이것은 어쩌면 동물이 공포에 빠졌을 때 일어나는 최면 상태로 옮겨 갈지도 모른다. 최면이 일어나는 방식이나 최면과 잠의 관계는 명백하게 알기가 쉽지 않다. 다른 사람들은 최면을 완전히 거부하는데도 최면에 알맞은 사람들을 기막히게 선택하는 것은, 이 최면에서 실현되는 아직 알려지지 않은 어떤 요인이 있다는 사실을 암시한다. 어쩌면 그 요인이 있어야 비로소 리비도 관계의 순수성이 최면에서 가능해질지도 모른다. 또한 주목할 만한 사실은, 최면 상태에 있는 사람이 다른 점에서는 암시에 완전히 순종하면서도 그의 도덕적인 양심은 암시에 저항력을 나타낼 수 있다는 것이다. 그러나 이것은 다음과 같은 이유에서 일어날지도 모른다. 즉, 흔히 행해지는 최면의 경우 그것은 하나의 술수에 불과하며 삶에 훨씬 더 중요한 다른 상황의 거짓된 재현에 지나지 않는다는 생각이 그대로 남아 있을 수 있다는 이유다.

그러나 지금까지의 논의를 통해서 우리는 집단의 리비도 구조에 대한 공식을 제시할 준비를 완전히 갖추었다. 우리가 지금까지 고찰한 것처럼 적어도 다음과 같은 집단, 즉 지도자가 있으며 지나친 '조직화'로 인해 이차적으로 개인의 특성을 획득하지 못한 집단의 리비도 구조에 대해서는 말이다. '그러한 일차 집단은 그들의 자아 이상 자리에 동일한 대상을 놓았으며, 그 결과 그들의 자아 속에서 자신들을 서로 동일시한 상당수의 개인들이다.' 이러한 관계는 다음과 같은 도표로 나타낼 수 있다.

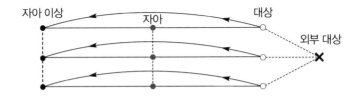

IX

군집 본능

그 공식으로는 집단의 수수께끼를 풀었다는 착각을 짧은 시간밖에 즐기지 못할 것이다. 사실 우리는 대체적으로 최면의 수수께끼에 대해서 주의하라는 요구를 받았으며, 그 수수께끼에는 아직도 많은 것이 해결되지 않았다는 생각이 우리를 불안하게 할 것임이 틀림없다. 이제는 또 다른 반대 의견이 우리에게 넓은 길을 알려준다.

우리가 집단에서 확인하는 풍부한 감정 유대는 집단의 성격 중 하나, 즉 집단 속의 개인에게는 독립성과 자발성이 부족하다는 것, 개인의 반응이 집단의 다른 모든 사람과 매우 비슷하다는 것, 말하자면 그가 집단 속의 개인으로 타락한다는 것을 충분히 설명해준다고 말할 수도 있다. 그러나 우리가 집단을 전체적으로 보면, 집단은 더 많은 것을 보여준다. 지적 능력이 약해지고 감정을 억제하지 못하는 것, 절제하거나 연기하지 못하는 것, 감정 표현에서 모든 한계를 넘어서며 감정을 그대로 행동으로 옮기는 경향, 이러한 특징들과 또한 르 봉이 인상 깊게 묘사한 그와 비슷한 특징들은 정신활동이 이전의 단계로 퇴행한 것을 분명하게 보여준다. **이때** 이 단계는 우리가 미개인이나 어린아이에게서 보아도 놀라지 않을 그러한 단계다. 이러한 퇴행은 특히 평범한 집단의 본질에 속한다. 반면 우리가 알고 있는 것처럼, 고도로 조직화된 인위적인 집단에서는 이 **퇴행**이 상당히 억제될 수 있다.

따라서 우리는 다음과 같은 인상을 받는다. 즉, 개인의 개별적인 감정 충동과 개인적인 지적 행위가 혼자서 효력을 발휘하기에는 너무 약하기 때문에, 그러한 감정 충동과 지적 행위가 다른 개인들 쪽에서도 똑같이 반복되어 강해지는 것을 기대할 수밖에 없는 상태에 있다는 인상을 말이다. 이러한 의존현상 중 얼마나 많은 것이 인간 사회의 정상적인 성질에 속하는지, 독창성이나 개인적인 용기가 인간 사회에서는 얼마나 적게 나타나는지, 모든 개인이 민족성, 계급적 편견, 여론 등의 형태로 나타나는 집단심리의 태도에 얼마나 많이 지배되는지를 우리는 상기하게 된다. 지도자만이 아니라 모든 개인도 다른 개인에게 암시의 영향력을 행사한다는 사실을 우리가 인정한다면, 이 암시의 영향력은 더 큰 수수께끼가 된다. 그러므로 우리는 지도자와의 관계를 일반적으로 부각시키고 상호암시라는 다른 요인을 부당하게 뒤로 밀어낸 것에 대해 우리 자신을 꾸짖어야 한다.

이렇게 해서 겸손해지면, 우리는 단순한 근거에 기초한 설명을 약속하는 다른 목소리에 귀를 기울이고 싶어질 것이다. 나는 그러한 목소리를 군집 본능에 대한 트로터Wilfred Trotter의 학식 있는 책(1916)[*]에서 끄집어낼 수 있다. 이 책에서 내가 아쉬워하는 것은 그 책이 지난 세계대전으

---

* 《평화와 전쟁 때의 군집 본능Instincts of the Herd in Peace and War》. 윌프레드 트로터는 영국의 외과의사(1872~1937)로 군집 본능 개념을 이용해 집단행동을 연구했다.

로 폭발적으로 생겨난 혐오감에서 완전히 벗어나지 못했다는 점뿐이다.

트로터는 집단에서 일어나는 것으로 묘사된 정신현상을 군집 본능 (군거성gregariousness)에서 이끌어내고 있는데, 이 군집 본능은 다른 종류의 동물들처럼 인간도 선천적으로 지니고 있다. 이 군집성은 생물학적으로는 다세포성과 유사한 것이며, 다시 말하면 그것의 연장이라는 것이다. 하지만 그것은 리비도 이론의 견해에서는 점점 더 포괄적인 단위로 결합하려는 모든 같은 종의 생물체가 지닌 성향의 폭넓은 표현이며 이 성향은 리비도에서 생겨난다.[37] 개인은 혼자 있으면 자신이 불완전하다고 느낀다. 어린아이의 불안은 이미 이 군집 본능의 표현이라는 것이다. 무리에 반대하는 것은 무리에서 이탈하는 것이나 마찬가지이며, 이 때문에 무리에 반대하는 것을 조심스럽게 피하게 된다. 그런데 무리는 새로운 것이나 익숙하지 않은 것은 모두 거부한다. 군집 본능은 원초적인 것, 즉 더 이상 분해될 수 없는 것이라고 한다.

트로터는 그가 원초적인 것이라고 가정한 일련의 본능으로 자기보존 본능, 영양섭취 본능, 성 본능, 군집 본능을 제시한다. 마지막의 것은 때때로 다른 것들과 대립하는 경우가 있다. 죄의식과 의무감은 '군집 동물 Herdentier'이 지니는 특징이라고 한다. 트로터는 정신분석이 자아에 있다는 것을 보여준 억압적인 힘도 군집 본능에서 이끌어내며, 의사가 정신분석적 치료에서 부딪치는 저항도 마찬가지로 일관성 있게 군집 본능에서 이끌어낸다. 말이 중요한 이유는 그것이 무리에서 서로를 이해하는데 적합하기 때문이며, 개인들 서로 간의 동일시는 주로 말에 의존한다고 한다.

---

37 나의 논문《쾌락 원칙을 넘어서》를 보라.

르 봉은 주로 전형적으로 일시적인 집단 형성에 관심을 가졌고, 맥두 걸은 안정된 결사체에 관심을 가진 것처럼 트로터는 인간이라는 이 정 치적 동물[38]이 사는 가장 일반적인 집단을 관심의 중심에 놓고는 그 집 단의 심리적인 기본 원리를 제시했다. 그렇지만 트로터는 군집 본능의 근원을 파헤칠 필요가 없었다. 왜냐하면 그는 그것을 원초적인 것이어 서 더 이상 풀 수 없는 것으로 특징지었기 때문이다. 보리스 시디스Boris Sidis[*]가 군집 본능의 근원을 피암시성에서 찾고 있다는 그의 언급은 다 행히도 그에게는 쓸데없는 것이다. 보리스 시디스의 설명은 잘 알려진 불만족스러운 본보기에 따른 설명이다. 따라서 이 명제와 반대되는 것, 즉 피암시성이 군집 본능에서 유래한다는 명제가 나에게는 훨씬 더 납 득할 수 있는 것으로 보인다.

그런데 트로터의 서술이 집단에서의 지도자의 역할을 너무 적게 고 려한다는 점에서, 그의 서술에 반대하는 것이 다른 사람들의 서술을 반 대하는 것보다 더 정당하다. 우리는 오히려 지도자를 무시하고는 집단 의 본질을 파악할 수 없다는 정반대의 판단으로 기울어지고 있다. 군 집 본능은 지도자가 차지할 공간을 전혀 남겨놓지 않는다. 지도자는 아 주 우연적으로만 무리에 끼어들 뿐이다. 그리고 이와 관련해서 보면, 이 러한 본능에서는 그 어떤 길도 신에 대한 욕구에 이르지 않는다. 무리에 목동이 없다. 그러나 그 외에도 트로터의 서술을 심리학적으로 매장시 킬 수 있다. 말하자면 군집 본능이 더 이상 분해할 수 없는 것이 아니라 는 사실, 즉 자기보존 본능이나 성 본능과 같은 의미에서 원초적인 것이

---

38 ζωῶ̂ου πολιτιχόν(아리스토텔레스의《정치학》에 나오는 말)
* 미국의 심리학자(1867~1923).

아니라는 사실을 우리는 적어도 그럴듯하게는 나타낼 수 있다.

　군집 본능의 존재 발생을 추적하는 일은 당연히 쉽지 않다. 어린아이가 혼자 남겨졌을 때 나타내는 불안을 트로터는 이미 그 본능의 표출이라고 주장하려고 하겠지만, 그 불안은 다른 해석을 암시한다. 그것은 어머니를 향한 것이며 나중에는 친숙한 다른 사람들을 향한 것이다. 그 불안은 채워지지 않은 갈망의 표현인데, 아이는 이 채워지지 않은 갈망을 불안으로 바꾸는 것 말고는 아직 거기에 달리 대처할 줄 모른다.[39] 혼자 있는 어린아이의 불안은 '무리에서' 그 아무나를 보아도 가라앉지 않는다. 반대로 그 아이의 불안은 그런 '낯선 사람'의 접근으로 인해 비로소 생겨난다. 그다음에는 아이에게서 군집 본능이나 집단 감정 같은 것을 오랫동안 찾아볼 수 없다. 그러한 본능이나 감정은 아이와 부모의 관계에서 벗어난 곳, 즉 많은 아이를 수용하는 탁아소에서 처음으로 형성되며 심지어는 나이가 더 많은 아이가 더 어린 아이를 처음 받아들일 때 느끼는 질투심에 대한 반발로도 형성된다. 나이가 더 많은 아이는 확실히 질투심에서 손아래 아이를 쫓아내고 싶어 하며, 부모에게서 떼어놓아 그의 모든 권리를 빼앗고 싶어 한다. 그러나 이 손아래 아이도—나중에 태어나는 모든 아이와 마찬가지로—부모에게서 자기와 마찬가지로 사랑받는다는 사실을 고려하고는, 그리고 그 아이에게 적대적인 입장을 고집하면 자신이 손해를 보기 때문에 그는 자신을 다른 아이들과 동일시할 수밖에 없다. 그리하여 아이들 사이에 집단 감정이나 공동체 감정이 형성되는데, 이 감정은 그 후 학교에서 더욱 발달한다.

---

39 《정신분석 입문 강의Vorlesungen zur Einführung in die Psychoanalyse》(1916~17)에서 불안에 대한 강의 제25장을 보라.

이러한 반동 형성*의 첫 번째 요구는 정의에 대한 요구다. 즉, 모든 아이를 동등하게 대해달라는 것이다. 이 요구가 학교에서 얼마나 큰 소리로 또 확고하게 나타나는지는 잘 알려졌다. 자기가 선생님에게서 귀여움을 받을 수 없다면, 적어도 그 누구든 귀여움을 받아서는 안 된다. 탁아소나 교실에서 질투심이 이렇게 변하는 것, 더욱이 질투심이 집단 감정으로 대체되는 것을 있을 법하지 않다고 생각하는 사람은 똑같은 과정을 나중에 다른 상황에서도 또다시 관찰하지 못할 것이다. 공연이 끝난 뒤 가수나 피아니스트 주위에 몰려드는 부인들이나 소녀들의 무리를 생각해보면 된다. 이들은 그를 열광적으로 사랑하고 있다. 틀림없이 이들 각자는 다른 사람들에 대해서 질투할 것이다. 그러나 몰려든 사람의 수를 보고는 사랑하는 대상에 가까이 다가갈 수 없다고 생각해, 그들은 그 대상에 다가가는 것을 포기한다. 그리고 서로 머리채를 잡아당기는 대신에 그들은 통일된 하나의 집단처럼 행동한다. 즉, 그들은 사랑하는 대상에게 공통된 행동으로 존경을 표하고, 어쩌면 그의 고수머리 장신구를 나누어 갖고도 기뻐할 것이다. 처음에는 경쟁자였지만, 그들은 동일한 대상에 대한 똑같은 사랑을 통해 서로 동일시할 수 있었다. 흔히 그렇듯이, 어떤 본능적인 상황이 다양한 결말을 낳을 수 있다. 그러므로 어느 정도 만족을 줄 가능성이 있는 결말이 일어나기도 하지만, 다른 결말이—이 결말이 더 합당한 것이라 하더라도—일어나지 않는다고 해서 우리는 놀라지 않는다. 왜냐하면 현실의 사정으로 인해 이 다른 결말은 그런 만족감을 주는 목표를 달성하지 못하기 때문이다.

---

* 반동 형성Reaktionsbildung: 무의식적인 욕구 충동을 억압만으로 극복할 수 없을 때, 그것과 정반대의 욕구를 만들어냄으로써 대항하는 심리현상

나중에 사회에서 공동 정신Gemeingiest, 단체 정신esprit de corps 등으로 효력을 나타내는 것은 그것이 본래 질투심에서 유래했다는 것을 부인하지 않는다. 누구도 두각을 나타내려고 해서는 안 된다. 모두가 똑같아야 하며 똑같이 가져야 한다. 사회정의란 나 스스로가 많은 것을 단념하므로 다른 사람들도 많은 것을 포기해야 하며 또는—똑같은 말이지만—많은 것을 요구해서는 안 된다는 것을 뜻한다. 이러한 평등 요구가 사회적 양심과 의무감의 뿌리다. 뜻밖에도 이것은 남에게 병균을 옮길지도 모른다는 매독 환자의 불안에서 드러나는데, 우리는 정신분석을 통해 이 불안을 이해할 수 있게 되었다. 이 불쌍한 사람들의 불안은 다른 사람들에게 전염시키고 싶은 무의식적인 원망에 대한 그들의 격렬한 투쟁에 해당한다. 도대체 왜 나만 감염되어 많은 사람에게서 따돌림받아야 하는가? 다른 사람들도 감염되면 안 되는가? 멋진 솔로몬 판결 일화에도 똑같은 요지가 있다. 한쪽 여인의 아이가 죽었다면, 다른 쪽의 여인도 살아 있는 아이를 가져서는 안 된다. 이런 원망으로 인해 누가 아이를 잃은 여인인지를 식별할 수 있게 된다.

따라서 사회적 감정은 처음에는 적대적인 감정이었던 것이 동일시 성질을 띤 긍정적인 색조의 유대로 바뀌는 것에 바탕을 둔다. 우리가 지금까지의 경과를 살펴볼 수 있는 한에서는, 이러한 반전反轉은 집단 밖에 있는 사람과의 공통된 정애적 유대의 영향으로 일어나는 것 같다. 동일시에 대한 우리의 분석은 우리 자신이 보기에도 충분한 것 같지 않다. 그러나 동일시가 평등화의 일관된 실시를 요구한다는 한 가지 특징으로 본다면, 그 정도의 분석으로도 지금의 우리 목적에는 충분하다. 인위적인 두 집단, 즉 교회와 군대를 논할 때 이미 우리가 알았던 것처럼, 그 집단의 전제는 모두가 지도자라는 한 사람에게서 똑같이 사랑받는다는 것이다. 그러나 이제 잊어서는 안 되는 것은 집단의 평등 요구가 집단의 개인들에게만 해당하며 지도자에게는 해당하지 않는다는 사실이다. 모든 개인은 서로 똑같아야 하지만, 그들은 모두 한 사람한테는 지배받고 싶어 한다. 서로 동일시할 수 있는 다수의 동등한 사람과 그들 모두보다 우월한 한 사람, 이것이 생존 능력을 지닌 집단에 실현된 상황이다. 그러므로 우리는 인간이 군집 동물이라는 트로터의 진술을 바로잡아 인간은 오히려 유목 집단의 동물Hordentier, 즉 한 우두머리가 이끄는 유목 집단의 개체라고 감히 주장해본다.

X

집단과 원시 유목집단

1912년에 나는 인간 사회의 원시 형태가 강력한 한 남자에 의해 전제적專制的으로 지배되는 유목집단이었다는 다윈Charles Darwin의 추측을 받아들였다. 나는 이 유목집단의 운명이 대대로 내려오는 인간의 역사에 지울 수 없는 흔적을 남겼다는 것을 논증하려고 했다. 특히 종교, 도덕, 사회 구성의 발단을 나타내는 토테미즘의 발달은 우두머리가 난폭하게 살해되고 아버지의 유목집단이 형제 공동체로 바뀐 것과 연관이 있다는 것을 논증하려고 했다.[40] 이것은 태고의 어둠을 밝히려고 하는 선사학자들의 다른 많은 것들과 마찬가지로 하나의 가설에 불과하다(무뚝뚝하지 않은 한 영국 비평가[*]는 재치 있게 그것을 '그럴듯한 거짓말just-so story'이라고 불렀다). 그러나 그러한 가설이 늘 새로운 영역에 맥락과 이해를 가져다주는 데 적합하다면, 이는 그 가설의 명예라고 생각한다. 인간의 집단은

---

40 《토템과 터부》(1912~13), [프로이트는 비교적 적은 수의 사람들로 이루어진 집단을 가리킬 때 유목집단Horde이라는 용어를 사용한다.]

* 영국의 인류학자 매럿R. R. Marett

너무 강한 한 개인이 대등한 동료의 무리 한가운데 있는 낯익은 모습을 우리에게 보여주는데, 이 모습은 원시 유목집단Urhorde에 대한 우리의 상상에도 들어 있다. 우리가 종종 언급되는 서술로 알고 있는 것처럼, 이런 집단의 심리—개인의 의식적인 인격의 감소, 사고와 감정이 똑같은 방향으로 향하는 것, 감정과 무의식적인 심리의 우세, 어떤 의도가 떠오르면 그것을 즉시 실행하려는 경향—는 모두 원시적인 정신활동으로의 퇴행 상태와 일치하는데, 우리는 이러한 것들이 바로 원시 유목집단에 있다고 생각하고 싶다.[41]

따라서 집단이 우리에게는 원시 유목집단의 재생인 것처럼 보인다. 마치 모든 개인의 마음 속에 원시인이 잠재적으로 보존된 것처럼, 그 어떤 인간 무리에서도 원시 유목집단이 다시 생겨날 수 있다. 집단 형성이 사람들을 통상적으로 지배하는 한, 우리는 거기서 원시 유목집단의 존속을 확인한다. 우리는 집단심리가 가장 오래된 인간 심리라고 결론짓지 않을 수 없다. 우리가 집단의 흔적을 모두 무시하고 개인심리로 따로 떼어낸 것은 그 오래된 집단심리에서 나중에야 비로소 점차적으로 나

---

41 우리가 방금 인류의 일반적인 특징 묘사에서 기술한 것은 특히 원시 유목집단에 해당할 것이다. 개인의 의지는 너무 약해서 행동을 감행하지 않았다. 집단적인 충동 이외에는 어떤 충동도 존재하지 않았다. 공동의지만이 있었을 뿐 단독의지는 없었다. 어떤 생각이 일반적으로 널리 퍼졌다는 인식으로 강화되지 않았다면, 그 생각은 감히 의지로 바뀌지 않았다. 생각의 힘이 이처럼 약한 이유는 그 구성원 모두에게 공통된 감정 유대의 힘이 강한 탓으로 설명될 수 있다. 그러나 그들의 생활환경이 비슷하고 사유 재산이 없는 것도 추가적으로 그 개인들에게서 정신활동의 획일성을 유발하는 데 한몫한다. 어린이와 군인에게서 볼 수 있는 것처럼, 배설 욕구에도 공동생활이 관여한다. 단 하나의 중요한 예외는 성행위가 제공한다. 성행위에는 제3자가 적어도 불필요하고, 극단적인 경우에는 제3자가 사라질 때까지 고통스럽게 기다리는 상태를 강요당한다. (성기 만족이라는) 성적 욕구가 군거성에 대해 나타내는 반응에 대해서는 이하를 보라.

타났으며, 그것도 어느 정도는 여전히 부분적으로만 나타났다. 우리는 나중에 이 발달의 출발점을 감히 말하려고 시도할 것이다.

조금만 더 숙고해보면, 이러한 주장이 어떤 점에서 수정될 필요가 있는지가 드러난다. 오히려 개인심리는 집단심리만큼이나 오래되었음이 틀림없다. 왜냐하면 처음부터 두 종류의 심리, 즉 집단 속의 개인심리와 아버지(우두머리, 지도자)의 심리가 있었기 때문이다. 집단 속의 개인들은 우리가 오늘날 보는 것처럼 유대를 맺고 있었다. 그러나 원시 유목집단의 아버지는 자유로웠다. 그의 지적 활동은 혼자 있을 때도 강력하고 독립적이었으며, 그의 의지는 다른 사람들로부터 뒷받침을 받을 필요가 없었다. 우리가 일관성 있게 추측한다면, 그의 자아는 리비도 유대가 거의 없었다. 그는 자기 이외에는 누구도 사랑하지 않았다. 그리고 그가 다른 사람들을 사랑해도 이는 그들이 그의 욕구에 도움을 주는 한에서만 이었다. 그의 자아는 대상에게 필요 이상의 것을 주지 않았다.

인류의 역사가 시작했을 때 그는 니체Friedrich Nietzche가 미래에나 나타나리라고 기대한 초인Übermensch이었다. 오늘날에도 집단 속의 개인들은 지도자에게 똑같이 공평하게 사랑받는다는 환상이 필요하다. 그러나 지도자 자신은 다른 사람을 사랑할 필요가 없다. 그는 지배자의 성질을 지닐 필요가 있다. 즉, 절대적으로 자기만을 사랑하지만 자신만만하고 독립적일 필요가 있다. 우리는 사랑이 나르시시즘을 억제한다는 것을 알고 있다. 따라서 사랑이 이러한 작용을 통해 어떻게 문명화 요인이 되었는지를 우리는 증명할 수 있을 것이다. 유목집단의 원초적인 아버지는 아직은 불멸의 존재가 아니었다. 그가 나중에는 신격화를 통해 그렇게 되었지만 말이다. 그가 죽으면 누군가가 그를 대신하지 않으면 안 되었다. 그의 자리는 아마도 그때까지 다른 사람과 마찬가지로 집단 속의 개인이었던 막내아들이 차지했을 것이다. 그러므로 집단심리가 개인심리로 바뀔 수밖에 없다. 필요한 경우에는 애벌레를 일벌이 아니라 여왕벌이 되게 하는 일이 꿀벌들에게 가능한 것처럼, 그러한 변화가 쉽게 이루어지는 조건을 찾아내야 한다. 원초적인 아버지는 아들들이 직접적인 성 충동을 만족시키는 것을 금지했다. 그는 아들들에게 금욕을 강요했으며, 그 결과 금지된 성적 목적을 지닌 충동에서 생겨날 수 있는 감정 유대(즉, 자신과의 감정 유대와 형제들 서로 간의 감정 유대)를 강요했다. 그는 말하자면 그들을 집단심리 속에 몰아넣었다. 그의 성적 질투심과 불관용이 최종적으로는 집단심리의 원인이 되었다.[42]

그의 후계자가 된 자에게는 성적 만족의 가능성도 주어졌으며, 이와 함께 집단심리의 조건에서 벗어나는 길도 열렸다. 리비도를 여자에게 고정시켰기 때문에, 성 충동이 쌓이기 전에 성적 만족을 얻을 수 있게 되었다. 따라서 목적이 금지된 성 충동의 중요성은 사라졌으며, 그의 나르시시즘은 언제나 똑같이 절정에 달할 수 있었다. 사랑과 성격 형성의 이 관계에 대해서는 추가하는 말(12장)에서 다시 다룰 것이다.

그 밖에 인위적인 집단을 결속시키는 수단(강제 수단은 제외하고)의 실행이 원시 유목집단의 구성과 어떤 관계에 있는가는 특별히 많은 것을 시사해준다고 강조할 수 있다. 군대와 교회에서는, 그것이 지도자가 모든 개인을 똑같이 공평하게 사랑한다는 환상이라는 것을 우리는 보았다. 그러나 이것은 바로 원시 유목집단의 상태를 이상적理想的으로 개작한 것에 지나지 않는다. 원시 유목집단에서는, 아들 모두가 자신들이 원

---

42 예를 들면 쫓겨난 아들들은 아버지와 분리되면서 서로에 대한 동일시를 동성애의 대상애對象愛로 발전시켰으며, 그렇게 해서 아버지를 죽일 자유를 얻었다고 가정할 수도 있을 것이다.

초적인 아버지에게 박해받는다는 것을 알고 있었으며 그를 똑같이 두려워했기 때문이다. 이미 인간 사회의 바로 다음 형태인 토템 씨족은 이러한 변형을 전제로 했는데, 모든 사회적 의무는 이 변형에 근거를 두고 있다. 자연스럽게 형성된 집단인 가족이 끈질긴 힘을 가지는 것은 아버지가 공평하게 사랑한다는 이 필수적인 전제가 가족에게 실제로 적용될 수 있다는 것에 기인한다.

그러나 우리는 집단의 기원을 원시 유목집단으로 소급하는 것에서 더 많은 것을 기대한다. 이 소급은 집단 형성에서 아직도 이해되지 않은 신비로운 것, 즉 최면이나 암시라는 수수께끼 같은 말 뒤에 숨어 있는 것도 우리에게 설명해주어야 한다. 그런데 나는 그 소급이 이것도 할 수 있다고 생각한다. 최면은 직접적으로 두렵고 낯선 것Unheimliches 자체를 갖고 있다는 사실을 상기하자. 그러나 이 두렵고 낯선 성격은 오랫동안 억압된 무언가 친숙한 것을 암시한다.[43] 최면이 어떻게 유도되는지를 생각해보자. 최면술사는 자기가 피술자被術者에게서 그의 의지를 빼앗는 신비로운 힘을 갖고 있다고 주장한다. 또는 똑같은 내용이지만, 피술자는 최면술사에게 그런 힘이 있다고 믿는다. 이 신비로운 힘—아직도 대중적으로는 종종 동물자기動物磁氣로 불리는 것—은 원시인에게는 터부의 원천으로 간주되는 힘과 같은 것, 왕이나 추장에게서 나오며 그들에게 가까이 가면 위험해지는 힘(마나Mana)과 같은 것임이 틀림없다. 최면술사는 그러한 힘을 갖고자 한다. 그런데 그는 이 힘을 어떻게 나타내는가? 그때 최면술사는 피술자에게 자기 눈을 쳐다보라고 요구한다. 그는 전형적인 방식으로 자신의 눈빛을 통해 최면을 건다. 그런데 바로 추장의 눈빛은

---

43 《불안하고 낯선 것Das Unheimliche》(1919)

원시인에게는 위험하고 견딜 수 없는 것이다. 나중에 신의 눈빛이 인간에게 그런 것처럼 말이다. 모세도 그의 민족과 여호와 사이에서 중개자가 될 수밖에 없었다. 그의 민족은 신의 눈빛을 견디지 못하기 때문이다. 그가 신이 있는 곳에서 돌아올 때, 그의 얼굴은 환하게 빛났다. 원시인들의 중개자의 경우처럼 '마나'의 일부가 그에게 옮겨졌다.[44]

그러나 최면은 다른 방법으로도 일으킬 수 있다. 예를 들면 반짝이는 대상에 눈을 고정시키거나 단조로운 소리에 귀 기울이는 것을 통해서 말이다. 물론 이것은 그릇된 방향으로 이끌고 가는 것이며 아울러 불충분한 생리학 이론을 낳는 계기가 된다. 사실 이런 방식은 의식적인 주의력을 다른 데로 돌려 거기에 집중시키는 데 도움이 될 뿐이다. 이 상황은 최면술사가 피술자에게 "이제는 나에게만 집중하세요. 나머지 세상은 전혀 중요하지 않습니다"라고 말한 것과 똑같다. 물론 최면술사가 그런 말을 한다면, 이것은 기술적으로 부적절할 것이다. 그렇게 말하면 피술자는 무의식적인 태도에서 벗어나 의식적으로 반대하는 자극을 받는다. 그러나 최면술사는 자신의 의도에 피술자가 의식적인 사고를 돌리지 못하게 하고, 또한 피술자는 세상에 대해서는 아무 관심도 없어 보이는 상태에 빠지는 동안에 다음과 같은 일이 일어난다. 즉, 피술자는 무의식적으로는 실제로 주의력 전체를 최면술사에게 집중하고 있으며, 최면술사에게 친밀감과 신뢰감을 느끼고 자신을 맡기는 태도를 보인다. 따라서 간접적인 최면 방법은 많은 농담 기술과 비슷하게, 무의식 과정의 진행을 방해하는 정신 에너지의 어떤 분배를 억제하는 효과가 있다. 그러므로 그 간접적인 최면 방법도 결국은 응시하거나 몸을 쓰다듬는 것을

---

44 《토템과 터부》 그리고 거기서 인용된 출처를 보라.

통해 직접 영향을 미치는 방법과 똑같은 목적에 도달한다.[45]

페렌치(1909)는 올바르게도 다음과 같은 사실을 찾아냈다. 즉, 최면술사는 최면을 시작할 때 종종 피술자에게 잠을 자라고 명령하는데, 이때 최면술사는 자신을 피술자의 부모 자리에 놓는다는 것이다. 페렌치는 최면을 두 종류로 나누어야 한다고 생각했다. 하나는 그가 어머니를 본보기로 삼은 것으로서 기분 좋게 달래는 최면이었으며, 또 하나는 위협하는 최면이었는데, 페렌치는 이것을 아버지의 것이라고 여겼다. 이제 최면에서 잠을 자라는 명령도 모든 관심을 세상에서 거둬들이고 최면술사에게 집중하라는 요구 이외의 다른 것을 의미하지 않는다. 피술자도 그렇게 이해한다. 왜냐하면 이처럼 외부 세계에서 관심을 거둬들이는 것에 잠의 심리적 특징이 있으며, 잠자는 것과 최면 상태의 유사성은 거기에서 기인하기 때문이다.

따라서 최면술사는 조치를 통해 피술자에게서 그의 오랜 유산의 일부를 일깨운다. 이 유산은 또한 부모의 뜻과도 일치한 것이며 아버지와의 관계에서 개인적으로 재생된 것이다. 그러므로 최면술사의 조치로 깨어난 것은 매우 강력하며 위험한 인물에 대한 관념이다. 그 인물에 대

---

[45] 피술자가 의식적으로는 변함없고 하찮은 지각에 몰두하고 있지만 무의식적으로는 최면술사의 뜻을 받아들이는 상황은 정신분석 치료 과정에서도 마찬가지로 일어나는데, 이것은 여기서 언급할 만한 가치가 있다. 모든 정신분석 과정에서도 적어도 한 번은 환자가 이제는 아무 생각도 떠오르지 않는다고 완강하게 주장하는 순간이 온다. 환자의 자유연상이 멈추고, 자유연상을 진행시킨 여느 때와 같은 자극이 더 이상 효력을 발휘하지 못하는 것이다. 정신분석 의사가 자유연상을 해보라고 독촉하면, 환자는 마침내 진찰실 창문으로 보이는 풍경이나 눈앞의 벽지 또는 천장에 매달린 가스등을 생각한다고 인정한다. 그러면 정신분석 의사는 환자가 감정전이 상태에 빠졌으며, 의사와 관련된 무의식적 사고에 몰두해 있다는 것을 당장 알 수 있다. 의사가 환자에게 이것을 설명하면, 곧 환자의 연상에서 중단이 사라지는 것을 볼 수 있다.

해서는 수동적이고 고통을 저항 없이 감수하는 태도밖에 취할 수 없었으며, 그 인물 앞에서는 의지를 잃어버릴 수밖에 없었다. 혼자서 그 인물과 함께 있는 것, 즉 '그를 똑바로 쳐다보는 것'은 위험한 모험인 것처럼 보였다. 이렇게 해서만 우리는 원시 유목집단의 한 개인과 원초적인 아버지 관계를 상상해볼 수 있다. 우리가 다른 반응에서 아는 것처럼, 사람마다 정도의 차이는 있지만 개인은 그런 오래된 상황을 되살리는 습성을 어느 정도 유지해왔다. 그러나 어쨌든 최면이 하나의 술수, 즉 그 오래된 인상들을 속임수로 되살리는 것에 불과하다는 인식은 그대로 남아 있을 수 있으며, 아울러 최면에 의한 의지의 무력화가 가져오는 너무 심각한 결과에 대해서는 저항을 일으킬 수 있다.

그러므로 암시현상에서 나타나는 집단 형성의 불안하고 낯설며 unheimliche 강제적인 성격은 당연히 그 집단 형성이 원시 유목집단에서 유래한 결과로 돌릴 수 있다. 집단 지도자는 여전히 무서운 원초적인 아버지이며, 집단은 여전히 무제한적인 힘에 지배되기를 원한다. 집단은 최고도로 권위에 중독되어 있으며, 르 봉의 표현에 따르면 복종에 대한 갈망을 갖고 있다. 원초적인 아버지는 자아 이상을 대신해서 자아를 지배하는 집단의 이상이다. 최면은 두 사람으로 이루어진 집단이라는 명칭에 적절한 권리를 갖고 있다. 그리고 암시에 대해서는, 지각이나 사고 작업에 기인하지 않고 성애적 유대에 기인하는 확신이라는 정의가 남아 있다.[46]

---

46 이 장에서의 논의를 통해 우리가 최면에 대한 베르넴Hippolyte Bernheim의 견해를 포기하고 그 이전의 순진한 견해로 돌아가게 되었다는 것은 나로서는 강조할 가치가 있는 것 같다. 베르넴에 따르면, 모든 최면 현상은 더 이상 설명할 수 없는 암시 요인에서 기인할 수 있다. 우리는 암시가 최면 상태의 부분적인 현상이며, 이 최면 상태는 인간 가족의 아주 먼 역사 때부터 무의식 속에 보존되어 온 성향에 확고한 근거를 두고 있다고 추론한다. [이폴리트 베르넴은 프랑스의 신경의학자(1840~1919)다.]

XI

자아 속의 한 단계

    집단심리에 대한 저자들의 상호보완적인 서술을 염두에 두고 오늘날 개인들의 생활을 개관한다면, 여기서 나타나는 복잡함 때문에 포괄적인 기술을 할 용기를 잃어버릴지도 모른다. 각 개인은 수많은 집단의 구성요소이고, 동일시를 통해 많은 사람과 유대를 맺으며, 아주 상이한 본보기에 따라 자신의 자아 이상을 세웠다. 따라서 각 개인은 수많은 집단심리(종족, 신분, 신앙 공동체, 국가 등의 집단심리)에 참여하면서도, 그것을 벗어나서 조그마한 독립성이나 독창성을 가질 수도 있다. 이 안정되고 지속적인 집단 형성은 한결같이 계속되는 영향력 때문에, 급작스럽게 형성되는 일시적인 집단보다 관찰자의 눈에 덜 띈다. 르 봉이 집단심리에 대한 뛰어난 심리학적 성격 묘사를 할 때 그 대상으로 삼은 것은 바로 이 일시적인 집단이었다. 그리고 이 시끄럽고 덧없는 집단(말하자면 안정되고 지속적인 다른 집단들 위에 포개져 있는 집단)에서 놀라운 일이 일어나는데, 이 놀라운 일이란 우리가 개인이 습득한 것으로 인정해온 바로 그것이 비록 일시적이긴 하지만 흔적도 없이 사라진다는 것이다.

　우리는 이 놀라운 일을, 개인이 자신의 자아 이상을 포기하고 그것을 지도자에게 구현된 집단 이상으로 바꾸었다는 식으로 이해했다. 우리가 수정하면서 덧붙여야 하는 것은 이 놀라운 일이 모든 경우에 똑같이 크지 않다는 사실이다. 자아와 자아 이상의 분리가 많은 개인의 경우 별로 진척되지 않으며, 그 둘은 여전히 쉽게 일치한다. 자아는 종종 이전의 나르시시즘적 자만심을 그대로 가지고 있었다. 지도자의 선출은 이런 사정으로 인해 아주 쉽게 이루어진다. 지도자는 종종 그 개인들의 전형적인 속성을 유난히 뚜렷하고 순수한 형태로 갖고서 좀 더 큰 힘과 더 자유로운 리비도를 지녔다는 인상을 주기만 하면 된다. 그러면 강력한 우두머리에 대한 욕구가 그를 기꺼이 받아들여 그에게 매우 강력한 힘을 부여한다. 그런 인상을 주지 못했다면, 그는 아마도 그런 힘을 요구할 권리가 없었을 것이다. 집단의 다른 사람들은—평상시라면 이들의 자아 이상이 어떤 수정을 거치지 않고서는 지도자 안에서 구현되지 않았겠지만—그다음에는 '암시적'이 된다. 말하자면 동일시를 통해 휩쓸린다.

　우리가 집단의 리비도 구조를 밝혀내는 데 기여할 수 있었던 것은 자아와 자아 이상을 구분하고 그렇게 함으로써 가능해진 이중의 유대—동일시와 자아 이상의 자리에 대상을 놓는 것—를 규정한 덕택이라고 우리는 판단한다. 자아 분석의 첫걸음으로서 자아 속에 그러한 단계가 있다는 가정은 그 정당성을 차츰 심리학의 다양한 영역에서 증명하지 않으면 안 된다. 나는 내가 쓴 《나르시시즘 입문》(1914)에서 우선 이 자아의 분리를 뒷받침하는 데 사용될 수 있는 병리학적 자료를 다 모았다. 그러나 정신병의 심리학으로 더 깊이 들어가면, 그 의의가 훨씬 더 큰 것으로 밝혀질 것이라고 기대해도 된다. 자아는 이제 거기서 발달한 자아 이상과 대상의 관계에 들어가며, 우리가 신경증 연구로 알게 된 외부 대상과 자아 전체 간의 모든 상호작용이 어쩌면 자아 내부의 이 새로운 활동 무대에서 되풀이될지도 모른다고 생각해야 할 것이다.

여기서는 이 관점에서 나올 수 있는 결과 중 하나만을 파고들어, 내가 다른 곳에서 미해결 상태로 남겨놓을 수밖에 없었던 문제를 계속 논의하고 싶다.[47] 우리가 잘 알게 된 정신 분화는 모두 정신 기능이 다시 어려워진다는 것을 나타내며 그 불안정을 강화시킨다. 그리고 그것은 정신 기능의 고장, 즉 발병의 출발점이 될 수 있다. 이와 같이 해서 우리는 이 세상에 태어나면 절대적으로 자기만족의 나르시시즘에서 한 걸음 나아가, 변하는 외부세계를 지각하고 대상을 발견하기 시작한다. 그런데 이것은 우리가 새로운 상태를 오래 견디지 못하고, 주기적으로 거기서 떠나 꿈 속에서 자극 없고 대상을 피할 수 있는 이전 상태로 돌아가는 것과 관련이 있다. 물론 이때에도 우리는 외부 세계의 암시를 따른다. 외부 세계는 밤과 낮의 주기적인 변화를 통해 우리에게 영향을 주는 자극 대부분을 일시적으로 중단시키기 때문이다. 초기의 나르시시즘에서 내딛는 걸음의 두 번째 예는 병리학에는 좀 더 중요하지만, 첫 번째 예와 같은 제한을 전혀 받지 않는다. 우리는 발달 과정에서 우리의 정신적 존재를 통일성이 있는 자아와 이 자아 밖에 남겨진 무의식적인 억압된 부분으로 분리했다. 그리고 새로 얻은 이 부분의 안정성이 끊임없이 충격을 받아 흔들릴 수 있다는 것을 우리는 알고 있다. 이처럼 자아에서 배제된 부분은 꿈이나 신경증 속에서 자아로 들어가려고 문을 두드리지만, 이 문은 저항이라는 것이 지키고 있다. 잠들지 않고 깨어 있으며 건강한 상

---

47 《슬픔과 우울증》(1917)

태에서는 우리는 특별한 계략을 이용해, 저항을 우회하고 쾌감을 얻으면서 그 억압된 부분을 일시적으로 우리의 자아 속에 받아들인다. 농담과 유머, 그리고 어느 정도는 일반적인 익살도 이런 관점에서 고찰해볼 수 있을 것이다. 신경증 심리학을 아는 사람이라면 누구나 그 중요성은 떨어지지만 이와 비슷한 예가 생각날 것이다. 그러나 나는 내가 의도한 적용을 서두를 것이다.

자아 이상과 자아의 분리도 역시 오래 지속되지 않으며, 때때로 원래 상태로 돌아갈 수밖에 없다고 충분히 생각해볼 수 있을 것이다. 자아에 모든 포기와 제한이 가해짐에도 불구하고, 금지를 주기적으로 어기는 것이 상례다. 축제 제도가 보여주는 것처럼 말이다. 축제란 본래 법이 허용하는 방종 이외의 다른 것이 아니며, 축제가 유쾌한 성격을 지니는 이유는 이러한 해방 때문이다.[48] 로마인의 사투르누스 축제[*]와 오늘날의 카니발은 이 본질적인 특징에서 원시인의 축제와 일치한다. 원시인의 축제는 평상시에는 가장 신성시하는 계율을 어기면서 갖가지 종류의 방탕으로 끝나는 것이 예사이기 때문이다. 그러나 자아 이상은 자아가 순종해야 하는 모든 제한의 요점을 포함하고 있다. 따라서 이상의 폐기는 자아에게는 틀림없이 굉장한 축제가 될 것이다. 그때 자아는 다시 한 번 자기 자신에 만족해도 될 것이기 때문이다.[49]

자아 속의 무엇인가가 자아 이상과 일치할 때는 언제나 승리감이 생

---

48 《토템과 터부》

* 고대 로마에서 12월 17일경의 추수를 축하하는 농신제農神祭. 이 축제 동안 진탕 마시고 노는 잔치가 벌어졌다.

49 트로터는 억압이 군집 본능에서 나오는 것으로 여긴다. 내가 《나르시시즘 입문》에서 "이상의 형성은 자아 쪽에서 보면 억압의 조건이 될 것이다"라고 말했을 때, 이는 트로터의 말을 반대한 것이라기보다는 그의 말을 다른 표현 방식으로 바꾼 것이다.

겨난다. 죄책감(그리고 열등감)도 자아와 이상 간의 긴장의 표현으로 이해할 수 있다.

기분의 일반적인 감정이 주기적으로 동요해, 지나치게 의기소침한 상태에서 어떤 중간상태를 거쳐 한껏 고양된 상태로 바뀌곤 하는 사람들이 있다는 것은 잘 알려져 있다. 게다가 이 동요의 진폭은 매우 다양하다. 그 변화를 겨우 알아차릴 수 있는 경우도 있지만, 우울증이나 조증躁症, Manie [*]의 형태로 나타나 당사자의 삶을 아주 고통스럽게 침해하거나 방해하는 극단적인 경우도 있다. 이 순환적인 나쁜 기분의 전형적인 경우에는 외부 자극이 결정적인 역할을 하는 것 같지 않다. 내적 동기라는 점에서도, 이런 환자들에게서 다른 모든 사람보다 더 많은 것을 또는 다른 사람들과는 다른 것을 찾아볼 수 없다. 그 때문에 이 경우를 심인성이 아닌 것으로 판단하는 데 익숙해졌다. 이와 비슷한 순환적인 나쁜 기분의 다른 경우, 즉 그 원인을 정신적 외상seelische Traumen에서 쉽게 찾을 수 있는 경우에 대해서는 나중에 말할 것이다.

이 자연발생적인 기분 불안정의 근거는 알려지지 않았다. 우울증이 조증으로 바뀌는 메커니즘을 우리는 아직 이해하지 못했다. 그러므로 이들이 우리의 추측이 적용될 수 있는 환자일지도 모른다. 즉, 그들의 자아 이상이 전에는 유난히 강하게 자아를 지배했는데, 이제는 일시적으로 자아로 변했다는 우리의 추측이 적용될 수 있는 환자일지도 모른다.

분명하지 않은 것들은 피하고 다음과 같은 사실에 집중하자. 우리의 자아 분석을 근거로 하면, 조증의 경우 자아와 자아 이상이 하나로 합

---

[*] 감정 상태가 흥분되고 말이 많으며 침착성이 없는 단계로 광조증狂躁症이라고도 한다. 이것은 우울증과는 정반대의 상태다.

쳐졌다는 것은 의심할 여지가 없다. 그러면 그 사람은 자기비판에 시달리지 않고 욕망에 대한 억제, 타인에 대한 배려, 자신에 대한 질책이 사라진 승리감과 자족감을 누릴 수 있다. 조증의 경우만큼 명백하지는 않지만, 우울증 환자의 고통이 자아의 두 심급 간의 첨예한 갈등의 표현일 개연성은 충분하다. 이러한 갈등에서는, 지나치게 예민한 자아 이상이 열등 망상과 자기비하에 빠져 있는 자아를 가차 없이 비난하는 일이 나타난다. 그렇다면 자아와 자아 이상의 관계가 이처럼 변하는 원인을 앞에서 가정한 것처럼 새로운 제도에 대한 주기적인 거부에서 찾아야 하는지, 아니면 다른 사정을 그 원인으로 생각해야 하는지가 문제로 남아있다.

조증으로의 급변이 우울증의 의기소침 증상에서 필수적인 특징은 아니다. 결코 이러한 운명을 지니지 않은 단순한 우울증이 있다. 즉, 단 한 번으로 끝나는 우울증도 있고, 주기적으로 반복되는 우울증도 있다. 반면 유발하는 요인이 분명하게 병인病因의 역할을 하는 우울증도 있다. 이것은 사랑하는 대상이 죽었기 때문이든, 아니면 리비도를 대상으로부터 철회할 수밖에 없는 사정 때문이든 그 사랑하는 대상을 잃어버린 다음에 일어나는 우울증이다. 이런 심인성 우울증도 자연발생적인 것처럼 보이는 우울증의 경우와 마찬가지로 결국은 조증이 되어서, 이 순환이 여러 번 반복될 수 있다. 따라서 사정은 상당히 불투명하다. 특히 지금까지는 우울증의 형태와 증례症例 중에서 소수만이 정신분석 연구의 대상이 되었기 때문에 더욱 그러하다.[50] 지금까지 우리가 이해하는 것은,

---

50 다음을 참조하라. 아브라함Karl Abraham, 《조울증과 유사 증세에 대한 정신분석적 연구와 치료의 단서Ansätze zur psychoanalytischen Erforschung und Behandlung des manisch-depressiven Irreseins und verwandter Zustände》(1912)

대상 자체가 더 이상 사랑할 가치가 없음을 나타냈기 때문에 그 대상을 포기한 경우뿐이다. 그때 그 대상은 동일시를 통해 자아 속에 다시 확립되어 자아 이상의 엄격한 비난을 받는다. 대상을 향한 비난과 공격은 우울증의 자기질책 형태로 나타난다.[51]

이러한 우울증 뒤에도 조증으로의 급변이 이어질 수 있다. 따라서 이런 일이 일어날 가능성은 증상의 나머지 특징과는 무관한 모습을 나타낸다.

그럼에도 불구하고 나는 자아 이상에 대해서 자아가 주기적으로 반발하는 요인을 심인성 우울증과 자연발생적인 우울증이라는 두 종류의 우울증에서 관찰하는 데 아무런 어려움을 느끼지 않는다. 자연발생적인 우울증의 경우에는 자아 이상이 유난히 엄격하게 나타나는 경향이 있으며, 그럴 때는 자동적으로 자아 이상의 기능이 일시적으로 중지된다고 추측할 수 있다. 심인성 우울증의 경우에는 자아가 자아 이상 쪽에서의 가혹한 대우에 자극받아 반발할 것이다. 자아는 어떤 비난받는 대상과 동일시하는 경우 그런 가혹한 대우를 겪는다.

---

51 좀 더 정확하게 말하면, 대상을 향한 비난과 공격은 자신의 자아에 대한 비난 뒤에 숨어서, 이 비난에 지속성, 완강함, 불가피성을 부여한다. 우울증 환자의 자기질책은 이러한 것들로 특징지어진다.

XII

추가하는 말

본 연구는 현재 임시적인 결론에 도달했다. 그런데 이 연구 과정에서 여러 샛길이 열렸다. 처음에는 이 샛길을 피했지만, 많은 정확한 통찰이 그 샛길에서 우리에게 손짓했다. 이제는 그렇게 남겨진 것 중에서 몇 가지를 보충해보자.

(A) 자아가 자신을 대상과 동일시하는 것과 자아 이상이 대상으로 대체되는 것을 구분했는데, 이러한 구분은 우리가 처음에 연구했던 두 개의 큰 인위적인 집단(즉, 군대와 기독교 교회)에서 흥미로운 설명을 얻었다.

군인이 상관—말하자면 사실상 군대의 지도자—을 자신의 이상으로 삼는 반면, 동료들과는 자신을 동일시한다는 것은 분명하다. 동료들끼리 서로 돕고 물품을 공유해야 하는 의무는 이러한 자아 공통성 Ichgemeinsamkeit에서 유래한다. 그러나 그가 자신을 총사령관과 동일시하려고 한다면, 그는 웃음거리가 될 것이다. 발렌슈타인 진영의 저격병은 그 때문에 상사를 조롱한다.

그 분이 헛기침하며 가래를 뱉는 짓을

마침내 그대로 따라 하는군…*

가톨릭 교회에서는 사정이 다르다. 모든 기독교인은 그리스도를 자신의 이상으로서 사랑하고, 자신이 동일시를 통해 다른 기독교 신자들과 결합되어 있다고 느낀다. 그러나 교회는 그에게 더 많은 것을 요구한다. 그는 자신을 그리스도와 동일시해야 하며, 그 외에도 그리스도가 기독교인을 사랑했듯이 다른 기독교인을 사랑해야 한다. 따라서 교회는 집단 형성에 의해 주어진 리비도의 위치를 두 곳에서 보충할 것을 요구한다. 대상 선택이 일어나는 곳에서는 동일시가 추가되어야 하고, 동일시가 있는 곳에서는 대상애對象愛가 추가되어야 한다. 이러한 추가는 분명히 집단의 구성을 넘어선다. 누구든지 훌륭한 기독교인이 될 수 있다. 하지만 이것은 자신이 그리스도를 대신하고 그리스도처럼 모든 인간을 사랑하며 포용한다는 생각과는 거리가 멀 것이다. 허약한 인간인 우리가 구세주처럼 고귀한 정신과 강한 사랑을 가질 수 있다고 생각할 필요는 없다. 그러나 집단에서 리비도의 분포가 이처럼 더 발전한 것은 아마도 기독교가 높은 윤리성을 얻었다고 주장할 수 있는 요인이 될 것이다.

(B) 우리는 인류의 정신발달에서 개인들도 집단심리에서 개인심리로의 진보를 이룩한 시점을 표시할 수 있을 것으로 말했다. 여기서 나오는 결론은 오토 랑크Otto Rank와 생각을 교환한 것에 영향을 받은 것이다.[52]

---

* 프리드리히 쉴러의 희곡《발렌슈타인Wallenstein》(1799) 제6장

52 랑크Otto Rank,《돈 후안 형태Die Don-Juan Gestalt》[오토 랑크는 오스트리아의 정신분석가 (1884~1939)로 초기에는 프로이트의 추종자였지만, 1920년대 중반 불안신경증의 근본 원

그러기 위해서는 잠시 원시 유목집단의 아버지에 대한 과학적인 신화로 다시 돌아가야 한다. 그는 나중에 세상의 창조자로 격상되었는데, 이는 당연하다. 왜냐하면 그는 최초의 집단을 구성한 아들들을 모두 낳았기 때문이다. 그는 아들 하나하나의 이상이었고, 두려움의 대상인 동시에 존경의 대상이었으며, 이러한 사실이 나중에 가서는 터부 개념으로 이어졌다. 이 다수(아들들)는 결국 단결해 아버지를 죽이고 토막 냈다. 승리자 집단의 누구도 그의 자리를 차지할 수 없었으며, 누군가가 그 자리를 차지하면 다시 싸움이 시작되었다. 마침내 그들은 모두 아버지의 유산을 포기해야 한다는 것을 깨달았다. 그 후 그들은 토템 신앙의 형제 공동체를 형성했다. 모두가 똑같은 권리를 지녔으며, 살인 행위의 기억을 보존하고 속죄하는 토템 금지를 통해 결합했다. 그러나 이미 이루어진 일에 대한 불만은 남아서 새로운 발전의 원천이 되었다. 이 형제 집단으로 뭉친 사람들은 옛날 상태를 새로운 수준에서 점차 복구하기 시작했다. 남자는 다시 가족의 우두머리가 되어, 아버지가 없는 동안에 확립된 여성 지배의 특권을 무너뜨렸다. 이에 대한 보상으로 그는 그 당시에 어머니 신들을 인정했을지도 모른다. 그리고 원시 유목집단의 아버지가 준 예를 따라, 어머니를 보호하기 위해 그 어머니 신들을 모시는 사제들은 거세되었다. 하지만 새로운 가족은 옛날 가족의 그림자에 불과했다. 새로운 가족에는 아버지가 많이 있었으며, 그들 모두는 다른 아버지들의 권리에 의해 제한받았다.

그 무렵 집단에서 벗어나 아버지 역할을 하고 싶은 간절한 동경심이

인이 개인의 출생 시에 발생하는 심리적 외상이라고 주장하면서 정신분석학회와 결별했다. 오토 랑크는 필명이며, 본명은 오토 로젠펠트Otto Rosenfeld다.)

어떤 개인을 사로잡았을지도 모른다. 이런 일을 한 사람은 최초의 서사 시인이었다. 진보는 그의 상상 속에서 이루어졌다. 이 시인은 자신의 갈망대로 진실을 바꾸었다. 그는 영웅 신화를 만들어냈다. 영웅은 아버지, 즉 아직도 신화 속에서 토템 신앙의 괴물로 등장하는 아버지를 혼자서 때려죽인 자였다. 아버지가 그 소년의 첫 번째 이상이었던 것처럼, 이제 시인은 아버지를 대신하고자 하는 영웅 속에서 첫 번째 자아 이상을 만들어냈다. 영웅으로 변신한 이는 아마도 어머니가 가장 사랑했기 때문에 아버지의 질투로부터 보호한 막내아들이었을 것이다. 그리하여 원시 유목집단 시대에는 막내아들이 아버지의 후계자가 되었다. 선사 시대에 대해 거짓으로 꾸민 상상 속에서는, 전투의 전리품이자 살인을 부추기는 존재였던 여자가 아마도 범죄의 유혹자이자 선동자가 되었을 것이다.

영웅은 유목집단 전체만이 감행할 수 있었던 행위를 혼자 이루어냈다고 주장한다. 그렇지만 랑크Rank의 언급에 따르면, 동화는 부인된 실상實狀의 분명한 흔적을 보존해왔다. 왜냐하면 동화에서는 다음과 같은 사실이 빈번히 나타나기 때문이다. 즉, 어려운 임무를 해결해야 하는 영웅—대부분은 막내아들이며, 아버지의 대리인에게 자신이 어리석다는 (즉, 위험하지 않다는) 모습을 보여준 아들인 경우도 드물지 않다—이 작은 동물(벌, 개미) 무리의 도움을 받아야만 그 임무를 해결할 수 있다는 사실이다. 그 작은 동물 무리는 원시 유목집단의 형제들일 것이다. 꿈의 상징에서도 벌레나 해충이 형제자매(어린아이로 업신여겨지는)를 의미하는 것처럼 말이다. 게다가 신화나 동화에 나오는 임무는 모두 영웅적인 행위를 대신한 것임을 쉽게 알아차릴 수 있다.

따라서 신화는 개인이 집단심리에서 벗어나는 걸음이다. 최초의 신화는 분명 심리학적인 신화, 즉 영웅 신화였다. 설명하는 자연 신화는 틀림없이 훨씬 나중에 생겨났을 것이다. 시인은 이런 걸음을 내디뎠고, 그렇게 해서 자신은 집단에서 벗어났다. 그렇지만 그는—랑크의 자세한 언급에 따르면—현실에서는 집단으로 돌아갈 수 있다. 왜냐하면 그는 집단에 가서 자신이 만들어낸 영웅의 행위를 이야기하기 때문이다. 이 영웅은 근본적으로 시인 자신이다. 따라서 그는 자신을 현실의 수준으로 낮추고, 청중을 상상의 수준으로 끌어올린다. 그러나 청중은 시인의 말을 이해하고, 원초적인 아버지에 대해서 시인과 똑같이 동경하기 때문에 자신을 영웅과 동일시할 수 있다.[53]

영웅 신화의 거짓말은 영웅의 신격화에서 절정에 달한다. 어쩌면 신격화된 영웅이 하느님 아버지보다 먼저 존재했을지도 모르며, 원초적인 아버지가 신으로서 이 세상에 돌아온 것을 알려주는 전조였을지도 모른다. 그러므로 신의 계열을 연대순으로 나열하면 어머니 여신-영웅-하느님 아버지가 될 것이다. 그러나 절대 잊히지 않는 원초적인 아버지가 신으로 승격했을 때야 비로소 신은 우리가 오늘날에도 인정하는 특성을 갖게 되었다.[54]

(C) 이 논문에서 나는 직접적인 성 본능과 목적이 금지된 성 본능에 대해 많이 말했는데, 이 구분이 많은 반대에 부딪히지 않았으면 한다. 그렇지만 이미 앞에서 대부분 말한 것을 반복하는 것에 지나지 않을지라도, 그 문제에 대해 자세히 논하는 것이 부적절하지는 않을 것이다.

목적이 금지된 성 본능의 첫 번째 예이자 가장 좋은 예이기도 한 것

---

53 다음을 참조하라. 작스Hans Sachs, 《공동의 몽상Gemeinsame Tagträume》(1920)
54 이 압축된 설명에서는 내 이론을 뒷받침하기 위해 전설, 신화, 동화, 풍속사 등에 있는 모든 자료를 제시하려고 하지 않았다.

은 우리에게 어린이의 리비도 발달 과정을 알게 해주었다. 어린이가 부모나 자기를 보살펴주는 사람들에 대해서 느끼는 감정은 모두 그 아이의 성적 충동을 표현하는 소망으로 쉽게 이어진다. 어린이는 이 사랑하는 사람들에게서 자신이 알고 있는 모든 애정표현을 요구한다. 어린이는 그 사랑하는 사람들에게 입을 맞추고 싶어 하고, 그들을 만지거나 자세히 보고 싶어 한다. 어린이는 그들의 성기를 보고 싶어 하며, 그들이 은밀한 배설 기능을 수행할 때 함께 있고 싶어 한다. 결혼이라는 것을 어떻게 이해하고 있든 간에, 어린이는 어머니나 돌봐주는 여자와 결혼하겠다고 약속한다. 또는 아버지의 자식을 낳겠다고 마음먹는다. 직접적으로 관찰하거나 나중에 어린 시절의 잔재를 정신분석적으로 조사해보면, 어린이에게 다정하고 시샘하는 감정과 성적 의도가 직접적으로 융합되어 있다는 것은 결코 의심할 여지가 없다. 어린이의 성적 경향이 아직은 올바르게 초점을 맞추지 못한 상태이지만, 직접적인 관찰과 정신분석적인 조사는 어린이가 사랑하는 대상을 얼마나 철저하게 이 성적 경향의 대상으로 삼는지를 우리에게 보여준다(다음을 참조하라.《성욕 이론 Sexualtheorie》)

어린이의 첫 번째 형태의 사랑은 전형적으로 오이디푸스 콤플렉스 모습을 취하는데, 이러한 형태의 사랑이 그다음에 잠재기가 시작될 때부터 비정기적인 억압의 발작에 굴복한다는 것은 잘 알려졌다. 그러한 사랑의 잔재는 동일 인물에 대한 순수하게 정애적인 감정 유대로 나타나지만, 더 이상 '성적sexuell'이라고 말할 수 없다. 정신생활의 심층을 조사하는 정신분석은 가장 어린 시절의 성적 유대도 비록 억압된 무의식 상태이긴 하지만 여전히 그대로 남아 있다는 것을 어렵지 않게 입증할 수 있다. 정신분석은 다음과 같이 주장할 수 있는 용기를 우리에게 준다.

즉, 정애적인 감정이 있을 때는 언제나 그것이 그 해당되는 인물이나 그의 모범적인 형태(그의 이마고Imago*)와의 완전히 '관능적인' 대상 결합을 계승한 것이라고 말이다. 이 오래된 성적으로 가득 찬 경향이 경우에 따라서는 여전히 억압된 상태로 존재하는지, 아니면 이미 고갈되었는지는 물론 특별한 조사를 해보지 않고서는 알 수 없다. 좀 더 정확히 말하면, 그 경향이 형태로나 가능성으로나 여전히 존재하며 언제든지 다시 퇴행을 통해 리비도가 채워져서 활동할 수 있게 된다는 것은 확실하다. 문제는 그 경향이 현재에도 어느 정도의 리비도 집중과 효력을 갖고 있느냐 하는 것뿐인데, 이것은 언제든지 판단을 내릴 수 있는 문제가 아니다. 이 경우에는 오류의 두 근원에 대해서 똑같이 주의를 기울여야 한다. 하나는 억압된 무의식의 중요성을 과소평가하는 스킬라Scylla**이고, 또 하나는 정상적인 것을 전적으로 병리학적인 잣대로 판단하려는 경향의 카리브디스Charybdis***다.

억압된 것의 심층을 파고들지 않거나 파고들 수 없는 심리학에는 정애적인 감정 유대가 어쨌든 성적인 것을 추구하지 않는 충동의 표현으로 보인다. 그 감정 유대가 성적인 것을 추구한 그러한 충동에서 생겨났다 하더라도 말이다.[55]

---

* 부모나 어렸을 때의 사랑의 대상이 이상화된 것

** 그리스 신화에 나오는 바다의 괴물. 카리브디스의 소용돌이와 마주 보는 동굴에 살면서, 배가 소용돌이를 피해 가까이 다가오면 선원들을 잡아먹었다고 한다.

*** 시칠리아의 메시나 해협 북쪽 끝에 있는 전설적인 소용돌이. 그리스 신화에서 포세이돈과 가이아의 딸이라 생각되는 괴물로서, 하루에 세 번 바닷물을 들이마셨다가 세 번 토해낸다. 이 때문에 근처를 지나가는 배는 어김없이 난파했다고 한다. '스킬라와 카리브디스 사이'라고 하면 진퇴양난에 빠졌다는 뜻이다.

55 적대감은 확실히 복잡한 부분에 근거를 두고 있다.

초심리학의 요구에 맞게 그러한 목적 전환을 서술하기는 어렵겠지만, 그 감정 유대가 이 성적 목적에서 다른 쪽으로 방향을 전환했다고 말하는 것은 정당하다. 게다가 목적이 금지된 이 본능은 언제나 원래의 성적 목적을 조금은 가지고 있다. 정성을 다하는 충복도 친구나 숭배자도 '사도 바울'의 의미에서만 많이 사랑하는 사람과 육체적으로 가까이 있고 싶어 하고, 그 사람을 눈으로 보고 싶어 한다. 우리가 원한다면, 이 목적 전환에서 성 본능의 승화Sublimierung가 시작된다는 것을 인정할 수도 있지만, 그 승화의 한계를 더 먼 곳에 설정할 수 있다. 목적이 금지된 성 본능은 금지되지 않은 성 본능보다 큰 기능상의 이점을 갖고 있다. 그 금지된 성 본능은 사실 완전한 만족을 얻을 수 없기 때문에, 특히 지속적인 유대를 만들어내기에 적합하다. 반면 직접적으로 성적인 본능은 만족을 얻을 때마다 에너지를 잃어버리기 때문에, 성적 리비도가 다시 축적되어 회복되기를 기다려야 한다. 따라서 기다리는 동안에 그 대상이 바뀔 수도 있다. 목적이 금지된 성 본능은 금지되지 않은 성 본능과 어느 정도 혼합될 수 있으며, 이 금지되지 않은 성 본능으로 다시 바뀔 수도 있다. 그 금지된 성 본능이 금지되지 않은 성 본능에서 생겨났듯이 말이다. 스승과 제자, 연주자와 열광하는 청중, 특히 여성의 경우 칭찬과 존경에 그러한 우호적인 성격의 감정 관계가 성애적인 소망erotische Wünsche으로 얼마나 쉽게 발전되는지는 잘 알려져 있다(몰리에르Molière의《그리스인을 위해 나에게 키스해주세요》와 비교해보라). 사실 처음에는 별다른 의도 없이 시작된 감정 유대가 성적인 대상 선택으로 바로 이어지는 경우가 많다. 피스터Oskar Pfister[*]는《친첸도르프 백작의 경건함Frömmigkeit des Grafen

---

[*] 스위스의 정신분석가(1873~1956)

von Zinzendorf》(1910)에서 강렬한 종교적 유대도 열렬한 성적 흥분으로 되돌아가는 일이 얼마나 쉽게 일어나는지를 보여주는 매우 분명한 예를 제시했는데, 이 예가 드문 일이 아닌 것은 확실하다. 다른 한편으로 본래 수명이 짧은 직접적인 성 충동이 지속적이며 순전히 정애적인 유대로 바뀌는 것도 매우 흔히 있는 일이다. 사랑의 열정에서 맺어진 부부 관계가 공고해지는 것은 대부분 이러한 과정에 기인한다.

목적이 금지된 성 충동이 직접적인 성 충동에서 생겨나는 것은 내부 또는 외부의 장애가 성적 목적의 달성을 막을 때라는 말을 듣는다고 해서 우리는 물론 놀라지 않을 것이다. 잠재기의 억압은 그러한 내적—또는 더 정확하게 말하면, 내면화된—장애다. 우리는 원시 유목집단의 아버지에 대해서 다음과 같이 추측했다. 즉, 그는 성에 대한 불관용 때문에 모든 아들에게 금욕을 강요했고 그렇게 해서 그들을 목적이 금지된 유대 속으로 몰아넣었지만, 반면 그 자신은 자유로운 성적 만족을 누렸고 그럼으로써 누구와도 유대를 맺지 않았을 것이라고 말이다. 집단이 의존하고 있는 모든 유대는 목적이 금지된 본능의 성질을 띠고 있다. 그러나 이렇게 해서 우리는 새로운 주제의 논의에 접근했는데, 이 새로운 주제란 직접적인 성 본능과 집단 형성의 관계를 다루는 것이다.

(D) 방금 언급한 두 가지를 통해 이미 우리는 직접적인 성 충동이 집단 형성에 이롭지 않다는 것을 예상할 수 있게 되었다. 가족의 발달사에도 집단적인 성애 관계(집단혼)가 있었다. 그러나 성애가 자아에 중요해질수록, 그리고 성애가 사랑에 빠진 상태를 더 많이 보여줄수록 그것은 두 사람—일대일una cum uno—으로 제한하는 게 더욱더 절실하게 필요했는데, 이러한 제한은 성기의 목적에 의해 미리 정해진 것이다. 여러 상대자

와 성관계를 갖고 싶은 성향은 대상을 잇달아 바꾸는 것으로 만족할 수밖에 없었다.

성적 만족을 위해 서로에게 의지하는 두 사람은 단둘이 있기를 추구하는 한 그들은 군집 본능, 즉 집단 감정에 반대되는 증거가 된다. 사랑하는 정도가 강할수록 그들은 서로에게 더 완전히 만족한다. 집단의 영향에 대한 거부는 수치심으로 표현된다. 성적 대상의 선택이 집단 유대에 의해 침해당하는 것을 막기 위해 질투심이라는 대단히 강렬한 감정 충동이 동원된다. 육체 관계의 정애적인(따라서 개인적인) 요소가 완전히 관능적인 요소 뒤로 물러날 때에만, 한 쌍의 성교가 다른 사람들이 있는 곳에서 가능해지거나 또는 한 집단 안에서의 동시적인 성행위가 난교 파티에서처럼 가능해진다. 그런데 이렇게 해서 주어지는 것은 성관계의 초기 단계로의 퇴행이다. 이 단계에서는 사랑한다는 것이 아직 어떤 역할도 하지 못하며, 성적 대상이 서로 똑같은 가치를 지닌 것으로 간주된다. 예를 들면 "사랑에 빠진다는 것은 한 여자와 다른 여자 간의 차이를 부당하게 과장하는 것"이라는 버나드 쇼Bernard Shaw* 의 짓궂은 말의 의미로는 말이다.

사랑에 빠지는 일이 남녀의 성관계에서 나중에야 비로소 나타난다는 것을 보여주는 징후는 아주 많다. 따라서 성애와 집단 유대 간의 대립도 나중에 발전한 것이다. 이제 이러한 추측은 우리의 원시가족 신화와 양립할 수 없는 것처럼 보일 수도 있다. 그렇지만 형제들이 무리를 지어 아버지를 살해하게 된 것은 결국 어머니와 누이들에 대한 사랑 때문일 것이다. 그러면 이 사랑을 쪼개지지 않은 원초적인 사랑(즉, 정애적인 사랑과

---

* 영국의 극작가이자 비평가(1856~1950)

관능적인 사랑이 밀접하게 결합한 것)과는 다른 것이라고 상상하기는 어렵다. 그러나 좀 더 숙고해보면 이러한 반증은 우리 이론에 대한 재가裁可로 바뀐다. 아버지 살해에 대한 반응 중 하나는 결국 토템족의 족외혼 제도, 즉 어린 시절부터 다정하게 사랑해온 가족 내부의 여자들과는 어떠한 성관계도 금지한 것이었다. 이리하여 남자의 정애적인 충동과 관능적인 충동 사이에 쐐기가 박혔다. 이 쐐기는 오늘날에도 남자의 성생활에 잘 고정되어 있다.[56] 이 족외혼으로 인해 남자들은 관능적인 욕구를 낯설고 사랑하지 않는 여자들에게서 만족시키지 않으면 안 되었다.

인위적인 큰 집단인 교회와 군대에서는 성적 대상으로서의 여자는 차지할 자리가 없다. 남녀의 애정 관계는 이 조직 밖에 머물러 있다. 남자와 여자가 섞인 집단이 형성되는 경우에도, 성의 구분은 어떤 역할도 하지 못한다. 집단을 결속시키는 리비도가 동성애적 성질을 띠는지 아니면 이성애적 성질을 띠는지를 묻는 것은 거의 의미가 없다. 왜냐하면 그 리비도는 성에 따라 분화되지 않으며, 특히 성기라는 리비도의 목적은 완전히 무시하기 때문이다.

다른 때는 집단에 몰두하는 개인의 경우에도 직접적인 성 충동은 독자적인 활동의 일부를 유지한다. 성 충동이 지나치게 강해지면 모든 집단 형성을 해친다. 가톨릭교회는 신자에게 결혼하지 말 것을 권하고 성직자에게 독신을 강요할 만한 가장 좋은 동기를 갖고 있었다. 그러나 사랑하게 되면 성직자조차도 종종 교회를 떠났다. 이와 마찬가지로 여자에 대한 사랑은 민족, 국가, 사회 계급의 집단 유대에 구멍을 내며, 이렇게 해서 문화적으로 중요한 업적을 성취한다. 동성애가 목적이 금지되지

---

56 다음을 보라.《성생활의 가치가 가장 일반적으로 저하되는 것에 대하여》(1912)

않은 성 충동으로 나타날 때도 집단 유대와 아주 잘 어울린다는 것은 확실한 것 같다. 이것은 주목할 만한 사실인데, 이에 대한 설명을 길게 해도 괜찮을 것이다.

정신 신경증에 대한 정신분석 연구는 그 증세의 원인이 억압되어 있지만 여전히 활동하는 직접적인 성 충동으로까지 거슬러 올라갈 수 있다는 것을 우리에게 가르쳐주었다. 다음과 같은 말을 덧붙인다면 이 공식을 완벽하게 할 수 있다. 목적이 금지되었지만 그 금지가 완전히 성공하지 못한 그런 성 충동으로까지 거슬러 올라갈 수 있다는 말을 덧붙이거나, 아니면 억압된 성적 목적으로 돌아갈 여지를 남긴 그런 성 충동으로까지 거슬러 올라갈 수 있다는 말을 덧붙인다면 말이다. 이러한 사정에 따라 신경증은 이것에 걸린 사람을 비사교적으로 만들어 통상적인 집단 형성에서 떠나게 한다. 신경증은 사랑에 빠진 상태와 마찬가지로 집단을 해치는 작용을 한다고 말할 수 있다. 그 대신에 다음과 같은 것을 볼 수 있다. 즉, 집단 형성을 위한 강력한 자극이 행해지는 경우에는 신경증이 줄어들며 적어도 일시적으로는 사라질 수 있다는 것을 말이다. 신경증과 집단 형성 간의 이러한 대립 관계를 이용해 치료하려는 시도도 당연히 이루어졌다. 오늘날의 문명 세계에서 종교적 환상이 사라진 것을 아쉬워하지 않는 사람도 다음과 같은 사실은 인정할 것이다. 즉, 그 종교적 환상이 여전히 효력을 발휘하는 한에서는 그 환상에 의해 결합한 사람들을 신경증의 위험으로부터 강력하게 지켜주었다는 사실이다. 신비주의 종교 분파나 광신적인 철학 공동체와의 유대가 모두 여러 신경증의 비뚤어진 치료법의 표현이라는 것을 알 수 있는 것도 어려운 일이 아니다. 이 모든 것은 직접적인 성 충동과 목적이 금지된 성 충동의 대립과 연관되어 있다.

신경증 환자를 내버려두면, 그는 자신이 배제된 큰 집단 형성을 자신의 징후 형성으로 대신할 수밖에 없게 된다. 신경증 환자는 자기만의 상상의 세계, 자신의 종교, 자신의 망상 체계를 만들어낸다. 이렇게 해서 그는 인류의 제도를 왜곡된 모습으로 재현하는데, 이 왜곡된 모습은 직접적인 성 충동이 신경증에서 매우 강력한 역할을 한다는 것을 분명하게 보여준다.[57]

(E) 끝으로 리비도 이론의 관점에서 우리가 지금까지 몰두해온 상태들, 즉 사랑에 빠진 상태, 최면, 집단 형성, 신경증에 대한 비교 평가를 덧붙이겠다.

사랑에 빠진 상태는 직접적인 성 충동과 목적이 금지된 성 충동이 동시에 존재하는 것에 기인하는데, 이때 대상은 나르시시즘적인 자아 리비도의 일부를 자기 쪽으로 끌어당긴다. 사랑에 빠진 상태는 자아와 대상을 위한 공간만을 갖고 있다.

최면은 두 사람으로 제한된다는 점에서는 사랑에 빠진 상태와 똑같다. 그러나 최면은 전적으로 목적이 금지된 성 충동에 기인하며 대상을 자아 이상의 자리에 놓는다.

집단은 이 과정을 강화한다. 집단은 그들을 결속시키는 본능의 성질에서도, 또 대상으로 자아 이상을 대체한다는 점에서도 최면과 일치한다. 그러나 집단은 다른 개인들과의 동일시를 추가한다. 이 동일시는 아마도 처음에는 대상과의 똑같은 관계에 의해 가능해졌을 것이다.

최면과 집단 형성, 이 두 상태는 인간 리비도의 계통 발생에서 물려받

---

57 《토템과 터부》 제2장 《터부와 양가감정》 끝 부분을 보라.

은 침전물이다. 최면은 성향으로서, 집단은 성향 이외에 직접적인 잔재로서 물려받은 침전물이다. 직접적인 성 충동이 목적이 금지된 성 충동으로 대체되면, 최면과 집단 형성에서 자아와 자아 이상의 분리가 촉진된다. 사랑하는 상태에서는 이미 그러한 분리가 시작되었다.

신경증은 이 계열에서 벗어나 있다. 또한 그것은 인간의 리비도 발달이 지닌 특성, 즉 직접적인 성 기능이 두 번 되풀이해 시작되고 그 사이에 잠재기를 거치는 것에 기인한다.[58] 이 점에서는 신경증이 최면이나 집단 형성과 마찬가지로 퇴행 성격을 가진다. 사랑에 빠진 상태에는 퇴행 성격이 없지만 말이다. 직접적인 성 본능에서 목적이 금지된 성 본능으로의 발달이 완전히 잘 이루어지지 못한 경우에는 언제나 신경증이 나타난다. 신경증은 그러한 발달을 거친 뒤 자아 속에 받아들여진 본능과 이 본능 중에서 (완전히 억압된 다른 본능적인 충동과 마찬가지로) 억압된 무의식 상태에서 나와 직접적인 만족을 추구하는 부분 사이의 갈등을 나타낸다. 신경증은 내용 면에서 대단히 풍부하다. 왜냐하면 신경증은 자아와 대상 사이에 있을 수 있는 모든 관계(즉, 대상이 그대로 유지되는 관계뿐만 아니라 대상이 포기되거나 자아 자체 속에 세워지는 다른 관계)도 지니지만, 또한 자아와 자아 이상 간의 갈등 관계도 지니고 있기 때문이다.

---

58 다음을 보라. 《성욕에 관한 세 편의 에세이》(1905), 제5판, 96쪽.

프로이트의 《집단심리학》: 배경, 의의, 영향[*]

디디에 앙지외

배경

표준판Standard Edition에 있는 한 주註는 우리에게 프로이트 논문의 구성 단계에 대해 말해준다. 그는 1919년 5월 12일 페렌치에게 보낸 편지에서, 그리고 같은 해 12월 2일 아이팅곤Max Eitingon에게 보낸 다른 편지에서도 그 주제를 언급했다. 그는 1920년 2월과 9월 사이에 초고를 완성해 그것을 그의 두 서신 교환자에게 보냈다. 최종적인 원고는 1921년 2월과 3월에 작성되어 3월 28일 출판업자에게 보냈다. 책은 1921년 8월 초에 출간되었다. 프로이트는 아브라함에게 보낸 1921년 8월 6일자 편지에서 이것을 논의한다.

---

[*] Didier Anzieu, "〈Freud's Group Psychology: Background, Significance, and Influence", 《On Freud's "Group Psychology and the Analysis of the Ego》(E. S. Person,ed.) (New Jersey, The Analytic Press, 2001), 39~59쪽. 디디에 앙지외는 낭테르대학교(프랑스)에서 심리학 교수를 지낸 정신분석 연구자다.

그 저술의 배경은 무엇이었는가? 먼저 사회역사적 배경을 살펴보자. 제1차 세계대전은 1918년 가을에 끝났다. 베르사유 조약과 이와 관련된 조약들이 1919년에 잇달아 맺어졌다. 오스트리아 공화국이 1920년에 선포되었다. 프로이트는 아들들에 대한 전시戰時의 불안에서 벗어났다. 그의 아들들은 전선에서 위험에 처해 있었기 때문이다. 독일에서는 히틀러가 나치 돌격대원을 이용하기 시작했고, 그다음에는 조직 과정에 있었다. 이탈리아에서는 무솔리니가 파시즘이라는 명칭을 낳은 전투자 동맹Fasci di Combattimento을 발족했으며, 1921년에는 공식적으로 파시스트당을 출범시켰다. 러시아에서는 내란의 종식을 나타내는 반혁명적인 '백군'의 패배 이후, 지방의 자율적인 행정구들의 소비에트 사회주의 공화국으로의 변화가 신속하게 진척되었다. 오스트리아-헝가리 제국은 분할되어, 독립적이 된 지방도 있었지만 이웃 국가들에 합병된 지방도 있었다. 트리아논 조약(1920)이 영토의 2/3를 빼앗아버려 인구가 2000만 명에서 760만 명으로 줄어들었다. 헝가리에서는 루마니아에 패배하고 벨라 쿤 치하의 소비에트 공화국 선포 이후, 호르티 장군이 반동적인 정부를 세웠으며 섭정으로 선포되었다.

페렌치의 50번째 생일 때 연설에서 프로이트는 페렌치와 안톤 폰 프로인트의 연합 활동에 대해 "정치 재난과 개인적인 비극이 그 대단한 희망을 무자비하게 끝장내지 않았다면 부다페스트를 유럽에서 정신분석의 수도로 만들어버렸을 것"이라고 말했다. 폰 프로인트는 1920년 1월에 죽었다. 페렌치는 헝가리가 다른 세계와의 교류를 끊었기 때문에 1919년 10월 국제정신분석학회IPA 회장직을 그만두었다. 벨라 쿤의 소비에트 공화국 시절(1919년 3월에서 8월까지) 페렌치는 대학에서 교수직을 맡았는데 그의 강의는 많은 열성적인 청중을 끌어들였다. 비엔나는 규모와 자원이 줄어들고, 패배로 굴욕감을 느꼈으며, 가난해져 굶주림과 소요에 시달렸다. 낡은 구조와 모델은 점차 논란의 대상이 되었으며, 무질서가 팽배했다. 전통적인 가치에 대한 이러한 의문시는 프로이트에게 그 자신의 첫 번째 이론에 의심을 갖게 했을지도 모른다. 일신—新의 시기가 그의 도시와 그의 정신 양쪽 모두에 왔다.

1920년에는 또한 논리학자이자 철학자인 비트겐슈타인이 그의 첫 번째 저작《논리철학논고Tractatus Logico-Philosophicus》를 비엔나에서 출간했다.

이제는 개인적인 배경으로 향해 보자. 64세 때, 즉 1920년에는 프로이트가 자신의 개념과 이론을 수정하는 과정에 들어갔다. 마흔 살경에 일어난 프로이트 중년의 위기가 그의 자기분석을 통해 정신분석 발견에서 절정에 달했지만, 노년의 시작이라는 위기는 이제 창조적인 효과를 지닐 수 있었다(즉, 추론이 더욱 엄격해지고, 텍스트를 작성할 때 좀 더 신중해졌으며, 언어의 추상화가 더욱 커지고, 자유로운 상상력이 늘어났다). 실제로 이러한 것 중 마지막 사항은 프로이트 추종자 중 많은 사람을 깜짝 놀라게 했다. 이들은 그것이 나이 든 결과라고 주장하면서, 그의 새로운 지적 모험을 따르기를 거부했다.

발달 과정에서 프로이트는 그를 소중히 여기고 믿은 화목한 가족의 지지를 받았다. 1896년에는 아버지 야콥을, 1915년에는 이복형 엠마누엘을 잃었는데, 그는 어머니 아말리아(1835~1930)에게 일주일에 여러 번 반드시 문안 갔다. 그는 언제나 아내 마르타와 처제 민나에게 의지할 수 있었다. 그에게는 여섯 명의 성인 자녀가 있었는데, 이들은 나이가 들자 결혼해서 자식을 낳았다. 같은 해, 즉 1920년에는 마르틴(큰아들)이 결혼했으며, 소피(둘째 딸)는 폐렴으로 죽어 그녀의 두 자식은 고아가 되었다. 이들 중 한 명은 릴게임reel game(일종의 슬롯머신으로 같은 그림을 맞추는 게임)

의 어린 발명자가 되었다. 프로이트의 막내딸 안나는 스물네 살이었는데, 아버지는 그녀에게 적절한 구혼자가 없는 것에 대해 걱정하기 시작했다.

모스코비치(1991)는 프로이트와 아인슈타인을 비교하는데, 그 이유는 아인슈타인이 1919년에 그의 특수상대성 물리학을 일반 이론으로 확대했기 때문이다. 아인슈타인은 1921년에 노벨물리학상을 받은 반면, 프로이트는 노벨의학상 수상을 바라고 있었다. 두 위인 사이에 그 주제에 관해서 자극적인 편지 교환이 이루어졌는데, 이때 프로이트는 새로운 노벨상 수상자의 '행복'을 축하했다. 그러자 아인슈타인은 프로이트가 통찰력 있는 정신분석가인 만큼 행복이 무엇이며 어떤 대가로 얻어지는지 알아야 한다고 똑같은 말투로 대답했다. 프로이트가 그의 도시와 동료들에게서 당연히 기대한 존경과 찬사를 누리지 못한 것에 대해 불평한 것은 그의 결점이었다.

1915년에는 초심리학에 관한 논문들을 작성해 첫 번째 정신분석 이론을 완성했지만, 1920년에서 1923년에 이르는 시기에 프로이트는 자신의 초기 견해를 수정하고 그것을 넘어선 세 개의 근본적인 저술을 출간했다. 《쾌락 원칙을 넘어서》(Freud, 1920)에서는 리비도와 구분되고 정반대되는 죽음 충동을 과감하게 생각해냈다. 우리가 여기서 관심을 갖는 논문 《집단심리학과 자아분석》에서는 동일시와 자아 이상이라는 개념들을 도입했는데, 이 책은 1921년에 나왔다. 마지막으로 《자아와 이드》(Freud, 1923)는 정신기구의 작용을 다시 구분했다. 《집단심리학》은 집단현상에 대한 프로이트의 두 번째 기고문으로 《토템과 터부》(Freud, 1913) 이후에 나왔다. 《토템과 터부》에서는 다윈에게서 원시 유목집단 가설을 빌려 왔는데, 거기서 전권을 지닌 나이 든 아버지라는 인물은

1921년에 자아 이상을 만들어내는 데 구체적인 기반으로 사용되었으며, 게다가 초자아와 융합되었다.

프로이트가 관찰했거나 어쩌면 그 일원이었을지도 모르는 집단에 대한 그의 개인적인 경험은 무엇이었을까? 정신분석계는 개인치료 방식 이외에는 어떤 것도 공식화하기를 거부하기 때문에 말하기 어렵다. 그렇지만 정신분석협회들과 국제정신분석학회라는 통솔 기구의 활동(내적인 집단 긴장, 개인들 간의 또 사상 간의 갈등, 세부 집단으로의 분열, 경쟁, 추방, 주도권 싸움 등을 수반하는 활동)이 집단심리학에 관한 프로이트의 숙고에 현실 배경을 제공했을 가능성도 상당히 있다.

1921년의 논문을 쓰고 있었을 때, 프로이트는 정신분석 공동체의 기능과 조직에 관해서 칼 아브라함과 약간의 의견 차이가 있었다. 이것은 그들의 1920년 6월 21일자 편지, 6월 27일자 편지, 7월 4일자 편지에서 드러난다. 게다가 비밀위원회가 있었는데, 여기에는 아브라함, 아이팅콘, 페렌치, 존스, 랑크, 작스가 소속되어 있었다. 이 비밀위원회의 목적은 프로이트 주위에서 일종의 근위병으로 활동하는 충실한 소집단의 분석가들을 모으는 것이었다.

프로이트 논문에 대한 페렌치의 서평

그 제목의 이중성에 따라서, 프로이트의 논문은 집단심리학에의 기여로 읽힐 수도 있고 자아 개념을 재구성하려는 시도로 읽힐 수도 있다. 산도르 페렌치(1922)가 그의 서평 서두에서 지적한 것처럼, 그 논문을 읽을 때 어떤 접근 방식을 채택할 것인가의 어려움은 거기서 나온다. 그는 프로이트의 인식론적 반전을 강조한다. "집단정신의 복잡한 현상(예술, 종교, 신화 형성 등)을 해명할 수 있는 기초는 개인심리학, 즉 정신분석의 연구 성과가 제공했다는 생각에 우리가 익숙해지자마자, '집단심리학'에 대한 프로이트의 최근 저작의 출현으로 그 생각에 대한 우리의 확신이 깨졌다"(p. 371). 페렌치는 3부로 된 서평의 각각의 부에서 프로이트 견해의 변화를 증명하려고 한다.

그는 제1부에서 프로이트가 집단현상이 군중에서(즉, 다수의 개인들 안에서) 일어난다는 진부한 생각에 반대한다고 설명한다. 그런 현상은 작은 집단(예를 들면 가족) 안에서도 일어날 수 있으며 심지어는 단 한 사람과의 관계에서도 일어날 수 있다고 페렌치는 말한다. 이 후자의 상황은 최면과 암시라는—잘 알려져 있지만 아직은 설명되지 않는—현상의 경우에서 일어난다고 그는 특별히 언급한다.

> 프로이트는 최면 성향의 근원을 원시 인류로까지 거슬러 올라가서 찾는다. 원시 유목집단에서는 지도자인 아버지가 그 각각의 구성원 모두에 대해서 생살여탈권을 갖고 있었는데, 그 무서운 아버지의 눈빛은 이들에게 평생 마비효과를 행사했다. 즉, 모든 독립된 행위와 모든 독립된 지적 활동을 금지시켰다. 이것은 오늘날 최면술사의 눈빛이 여전히 피술자에게 행사하는 것과 똑같은 마비효과였다. 최면술의 효과는 최면술사의 눈빛에 대한 이런 두려움에 기인한다. (p. 372)

페렌치는 여기서 프로이트(1913)의 원시 유목집단의 아버지 가설을 언급하는데, 이것은 그의 새 논문에서 다시 나타나기 전 《토템과 터부》에서 제시된 것이다. 그가 그 텍스트를 명백하게 언급하지는 않았지만 말이다.

페렌치는 다음과 같은 것을 지적한다. 즉, 프로이트에 따르면 피암시성은 최면에 걸리는 능력에 달려 있는데, 이 능력은 엄한 아버지가 불어넣은 어릴 적 불안의 잔재일 뿐만 아니라, 원시 유목집단의 사람이 그 무서운 지배자를 만날 때 느낀 감정의 재발도 나타낸다는 것이다.

페렌치는 서평의 제2부에서 프로이트 논문이 "자아와 리비도의 발달에서 새로운 단계의 발견"을 입증한다고 우리에게 말한다(p. 373). 아이와 인류의 원초적인 나르시시즘 다음에 나타나는 자아라는 이 높은 상태는 여전히 원초적인 나르시시즘으로 특징지어지는 자아와 '자아 이상' 간의 구분으로 이루어져 있는데, '자아 이상'은 그 나르시시즘의 모든 행위와 성질을 규제하기 위해 자아 안에 세워진 하나의 본보기다. 자아 이상은 현실 검증, 양심, 자기관찰, 꿈 검열과 같은 중요한 기능을 수행한다. 따라서 그것은 '억압된 무의식'을 만들어내는 원인이 되는 힘이며, 이 '억압된 무의식'은 신경증 형성에서 매우 중요하다.

페렌치는 이와 같이 해서 프로이트(1905)가 《세 편의 에세이》에서 기술한 리비도의 발달 단계를 보충하는 자아 발달의 단계가 있다고 넌지시 말한다. 이 단계는 구순 및 항문의 가학성적인 조직 단계(이것들은 실질적으로 나르시시즘적이다)와 진정한 대상애 단계 사이에 일어난다. 페렌치가 수정하고 보완한 것처럼, 프로이트에 따르면 언제나 특수한 리비도 과정, 즉 동일시가 있다. 외부 세계로부터 대상이 식인 풍습의 단계에서처럼 실제로가 아니라 단지 상상 속에서만 '함입incorporated'된다. 그 대상의 속성을 받아들여 그 속성이 자아 자체에 있다고 여긴다. 페렌치는 겸손한 데다가 프로이트의 사상에 큰 존경심도 갖고 있었기 때문에, 그는 프로이트가 투입introjection(내사) 개념 발명의 공로를 자기에게 돌리는 것이 당연하다는 사실을 지적하지 않았다. 프로이트는 나중에 그 개념을 받아들였다. 동일시 단계에의 고착은 나중의 대상애 단계에서 이전의 동일시 상태로의 퇴행을 가능하게 한다. 페렌치는 동일시와 투입이라는 새로운 개념 도구로 정신분석 이론의 몇몇 측면을 그 자신이 직접 뜯어 고쳤다.

남성 동성애는 대상애에서 동일시로 퇴행한다. 여자가 외부의 사랑 대상으로서는 포기되고 자아 속에 투입된다. 말하자면 자아 이상의 자리에 놓인다. "따라서 남성은 여성적이 되어 다른 남성을 찾는데, 이렇게 해서 본래의 이성애적 관계를 재확립하지만 거꾸로 할 뿐이다"(p. 374).

페렌치는 편집증이 아버지와의 (동성애적) 관계를 막을 뿐만 아니라 (성과 관계없는) 사회적 동일시도 막는 장애로 나타난다고 계속해서 말한다. "프로이트는 지금 처음으로 왜 그 많은 사람이 사회생활에서 겪은 모욕의 결과로 편집증에 걸리는지를 우리에게 진실로 이해할 수 있게 해주었다"(pp. 374~375). 지금까지 사회적으로 구속받아 온 리비도가 모욕받았다는 사실 때문에 해방되면, 특히 지나친 요구를 하는 자아 이상에 의해 억압된 노골적으로 성적인 (대체로 동성애적인) 형태로 표현되려고 한다. 오랜 사회적 결속은 박해받는다는 망상적인 감정 속에서 몇몇 집단(예수회, 프리메이슨단, 유대인 등)이 계속 표현하고 있다.

우울증은 자아 이상의 대상을, 외부 세계에서 몹시 싫어했기 때문에 버림받은 대상으로 대체한 결과임이 증명된다.

조울증의 조증 단계는 자아 이상의 강한 압박에 대항하는 원초적인 나르시시즘적 자아 잔재의 일시적인 반란이다.

히스테리성 동일시에서는 대상의 무의식적인 함입이 그 대상의 몇 가지 특징에만 미친다.

페렌치가 보기에 우리의 애정생활 수행의 중요한 면들은 이 새로운 개념들에 비춰서 수정될 필요가 있다.

직접적인 성 충동과 목적이 금지된 성 충동 간의 구분에 더 커진 중요성이 부여되고 있다.

수치심은 집단심리 현상에 의해 유발되는 것으로 볼 때, 즉 언제나 비사회적인 이성애적 충동의 공개적 표현에 의해 일어난 심적 동요에 대한 반응으로 볼 때 이해할 수 있다.

이와 같이 페렌치는 프로이트가 그의 명제를 사회현상에 적용한 것보다 그의 명제가 제공하는 개인적인 정신병리학의 발전에 더 많은 관심이 있었던 것 같다.

르 봉과《군중심리》

르 봉(1895)의《군중심리》는 그 저자를 유명하게 만들었다. 프로이트는 그 책을—손에 펜을 들고서—독일어의 제2판으로 읽었는데, 나는 이 경험이 그의《집단심리학과 자아분석》의 작성으로 절정에 달한 창조적인 과정을 유발했다고 주장한다. 독일어 번역자는 프랑스어인 지도자 'meneur'를 지도자 'Führer'라는 말로 번역했다. 영어판은 'leader'이고 스페인어판은 'líder'다.

모스코비치(1991)는 르 봉의 생애를 다음과 같이 요약한다.

귀스타브 르 봉은 1841년 노르망디의 노장 르 로트루에서 태어났다. 그는 많은 점에서 주목할 가치가 있는 인생을 산 다음, 1931년 파리에서 죽었다. 우연히도 그는 진보의 씨앗이 싹트기 시작할 때 태어났다. 그의 성인기는 제2제정, 즉 산업혁명, 군사적 패배, 내전의 시기와 일치했다. 결국 그는 과학의 승리, 민주주의의 위기, 그리고 사회주의와 대중 세력의 상승을 목격할 정도로 꽤 오래 살았다. 그리고 그는 이 사회주의와 대중 세력의 상승에 점점 더 많이 관심을 갖고 지켜보았으며, 그들의 커져가는 힘에 주의를 환기시켰다.

키가 작고 맛있는 음식을 좋아하는 이 지방 의사는 과학의 대중화에 헌신하기 위해 그의 기술을 실천하는 일을 일찍 그만두었다. (p. 73 이하)

르 봉의 주요 발간물 중에는 아랍과 인도의 문명에 대한 저작들,《민족 진화의 심리학적 법칙》(1894),《군중심리》(1895), 그리고《정치심리》(1910)가 있었다. 르 봉의 명성은 이 책 중에서 두 번째 책 덕택이다. 자주 재출간되는 그 책은 17개 언어로, 심지어는 아랍어와 일본어로도 번역되었다. 그의 명성 때문에 정치인, 작가, 학자, 예를 들면 리보, 타르드, 베르그송, 앙리 푸앵카레, 폴 발레리, 마르트 비브스코 공주, 마리 보나파르트 공주, 레이몽 푸앵카레, 아리스티드 브리앙, 루이 바르투, 시오도어 루스벨트 같은 사람들이 꾸준히 줄 지어서 이 집에만 틀어박혀 있는 사람을 방문했다.《군중심리》는 사회심리학에 대해 여태까지 쓰인 모든 책 중에서 여전히 가장 영향력이 있다. 그 책은 즉각적인 반응을 일으켰고 논평되었으며, 비판받았고 또 '분명히 표절 당했다.' 소위 집합심리학과 정치사회학은 군중과 집단이라는 개념을 받아들였다. 정치에 관한 저술 중에서 가장 잘 알려진 것으로는 히틀러(1925)의《나의 투쟁》과 샤를 드 골(1932)의《칼날》이 있다. 목적이 다르고 심지어는 정반대임에도 불구하고, 이 두 사람이 그 목적 달성에 접근하는 방식은 집단심리를 고

려한다. 예를 들면 드 골(1932)은 다음과 같이 썼다. 즉, 지난 시절에는 대중이 직책이나 출생에 신뢰를 부여했는데, 지금은 그 신뢰가 오로지 자신의 의견을 주장하는 데 성공한 사람들에게만 주어진다고 말이다. 그리고 위세에는 획득될 수는 없지만 혼의 깊이에서 나오는 성분이 들어 있다. 이 성분이 개인마다 다르지만, 그럼에도 불구하고 그것에서는 몇 가지 일정한 필수적인 요소를 분명하게 인식할 수 있다. 그 요소는 획득하거나 적어도 계발할 수는 있다. 예술가의 경우처럼 지도자는 그의 소명의 실천으로 재능을 연마할 필요가 있다.

배로우스(1981)에게서는 더 많은 정보를 찾아볼 수 있는데, 그는 다음과 같이 쓴다.

> 객관적인 진실을 가장하며 보수적인 이데올로기를 퍼뜨리는 데는 아마도 르 봉보다 더 잘 어울리는 사람이 없었을 것이다. (…) 르 봉은 자신의 비관주의와 반反평등주의의 완벽한 전달 수단을 군중 연구에서 찾아냈다. (…) 르 봉은 군중을 열등하며 위협적이라고 보았다. (…) 르 봉의 책은 왜 고전적인 군중심리학 논문이 되었는가? (…) 그가 집합행동에 대한 가장 명확하면서도 가장 포괄적인 진술을 만들어낼 수 있었기 때문이다. (…) 복잡한 학술 논문 조건의 부담이 없었기 때문에, 르 봉은 군중이론의 성분들을 하나의 간결한 논문으로 정리했다. (…) 이와 같이 르 봉은 군중심리학을 단순화해 집단심리학의 모델을 만들었다.

귀스타브 르 봉에게는 군중이란 "고대 신화의 스핑크스 같은 것이었다. 그들의 심리가 제공하는 문제의 해결에 도달할 필요가 있다. 그렇지 않으면 그들에게 사로잡히는 것을 감수해야 한다.' 르 봉은 그의 은유를 조심스럽게 선택했다. 군중처럼 스핑크스는 반은 여성이고 반은 짐승인 수수께끼 같은 위험한 괴물이었다." 르 봉은 현대의 오이디푸스가 될 꿈을 꾸었다.

프로이트가 르 봉의 책에 공감한 것은 놀라운 일이 아닐 것이다.

집단심리학에 대한 프로이트의 기여: 그의 지형학의 수정

프로이트의 논문은 12개 장章으로 구성되어 있는데, 그는 열두 번째의 마지막 장을 제외하고는 그 각각의 장에 제목을 붙였다. 그리고 그 마지막 장, 즉 추가하는 말에는 다섯 가지 요점이 들어 있다. (a) 교회와 군대의 차이, (b) 시인의 영웅 창조, (c) 목적이 금지된 성 본능의 중요성에 대한 추가적인 논평, (d) 한 쌍과 집단 간의 대조, 그리고 (e) 사랑에 빠진 상태와 최면 간의 차이에 대한 추가적인 언급.

서론(제1장)에서는 개인심리학과 사회심리학의 비교가 프로이트의 기본적인 주장에 기초를 제공한다.

제2장 '군중심리에 대한 르 봉의 서술'은 프로이트가 읽은 르 봉의 책 《군중심리》를 자세히 설명하면서 거기서 자유롭게 인용한다. 프로이트 저작의 불역판은 르 봉의 텍스트를 주註 형식으로 재현한다. 하지만 프로이트 자신은 독일어판을 사용했다. 발췌문이 약간 있다. "개인은 더 이상 그 자신이 아니다. 그는 자기 의지에 따르지 못하는 꼭두각시가 되었다"(p. 76). 여기에서 원시인이나 아이의 정신생활과의 유사성이 나온다(물론 아이, 야만인, 광인 간의 유추는 20세기 초 인간 과학에서 지배적인 이데올로기 중 하나였다).

집단(군중)은 충동적이고 변덕스러우며 과민하다. 그것은 거의 전적으로 무의식에 이끌린다(p. 77). 집단은 대단히 잘 믿으며 쉽게 영향받는다. (…) 그것은 이미지로 사고하는데, 이 이미지들은 연상을 통해 서로를 불러일으킨다(p. 78). (…) 게다가 집단은 진실로 주술적인 말의 힘에 복종한다. (…) 그리고 집단들은 진실을 갈망한 적이 결코 없었다. 그들은 환상을 요구한다. (…) 집단은 지배자라고 자처하는 사람을 본능적으로 따를 정도로 복종에의 갈망을 갖고 있다 (pp. 80~81).

지배자는 '위세'로 말한다. 이처럼 독자에게는 일반적으로 정확한 사실들이 풍부하게 제공된다. 그것들이 정확한 순서대로 서술되고 분류되지는 않았지만 말이다. 우리는 다수의 사실이 다수의 생각과 나란히 전개되고 있다는 인상을 얻는다.

제3장 '집합적인 정신생활에 대한 그 밖의 평가'에서 프로이트는 르봉이 설명했다기보다는 서술했다고 비난한다. 그는 계속해서 맥두걸(1920)의《집단정신》을 검토한다. 단순한 '비조직화된' 집단과 고도로 조직화된 집단(이 집단의 심리는 높은 수준에 도달할 수도 있다)의 맥두걸의 구분을 당연히 받아들이지만, 프로이트는 암시나 '직접적인 감정 감응'에 대한 맥두걸의 강조에 이의를 제기한다. "암시는 모든 것을 설명했지만, 암시 그 자체는 설명에서 면제되어 있다"(p. 89).

제4장 '암시와 리비도'는 르 봉과 맥두걸의 경험적 관찰에 대한 리비도라는 말로의 정신분석적 재해석을 제공하면서, 집단에 특유한 암시 현상을 좀 더 정확하게 설명하려고 시도한다. 집단은 분명히 알 수 있는 것처럼 어떤 힘에 의해 응집한다. 그런데 이러한 공功을 에로스 이외의 어떤 힘에 돌릴 수 있겠는가? 에로스는 세상의 모든 것을 결합시키기

때문이다. 집단심리의 본질은 사랑 관계, 또는 다른 말로 하면 정서적인 유대다. 프로이트는 이렇게 해서 마르크스주의자나 구조주의자의 그것과 비슷한 노선을 따르며 주장한다. 집단현상은 상부구조를 형성하고, 그 하부구조는 리비도다. 그는 독자가 안다고 생각하는 것을 '고발하는' 기술을 사용하지만, 사실은 독자에게 그 밑에 있는 과정을 감춘다. 그러나 리비도가 작용하는 구조를 상술하지 않으면 그 리비도를 도입하기가 충분하지 않다. 그런데 이 구조를 파악하기 위해 프로이트는 겉보기에는 비슷한 두 실재(이 두 실재 간의 차이는 그다음에 증명된다)를 관련시키는 추론의 한 형태에 의지한다. 그는 나중에 이 기술의 변형을 사용해 그 두 개의 다른 실재를 다루면서, 그것들 간의 유사점을 발견하려고 시도한다. 이 두 기술은 결과적으로는 연구자(즉, 프로이트)의 확신을 불러일으키는 발견 수단이다. 독자 또는 대담자의 확신을 확보하기 위해 프로이트는 소크라테스의 대화를 생각나게 하는 설득 기술을 사용한다. 논문을 작성할 때 그는 독자가 (프로이트는 이를 나무란다) 그 자신의 망설임, 무지, 틀리는 것에 대한 두려움을 그의 탓으로 돌린다고 생각하지만, 그렇게 함으로써 결국에는 독자에게 자기 명제가 옳다는 것을 확신시킨다. 이것은 이 논문이 매우 생생한 텍스트가 되게 하는 데 도움을 준다. 말하자면 독자는 손에 이끌려서, 우리가 관심을 둔 현상의 잠재적인 구조를 점차적으로 파악하게 된다. 《정신분석 입문 강의》에서 프로이트 (1916~1917)는 자기 생각을 상상적인 강좌 형식으로 제시한다. 프로이트는 그런 강좌를 결코 열지 않았지만, 독자는 그 책을 읽을 때 그 강좌에 참석하고 있다는 느낌을 갖는다. 저자 쪽에서는 확신의 기술이고 대담자 쪽에서는 설득의 기술인 이것은 내가 보기에 집단을 결속시키는 과정을 반영하는 것 같다. 프로이트 텍스트의 자극적인 힘은 내 생각에 집단 응집의 그것과 같은 기원을 갖는다.

제5장 '두 개의 인위적인 집단: 교회와 군대'는 앞에서 언급한 인식론적 변형을 예증한다. 프로이트는 겉보기에는 상이한 두 실재, 즉 교회와 군대를 대조한다. 근본적인 대조는 지도자가 없는 집단(예를 들면 르 봉의 '군중')과 지도자가 있는 집단, 즉 '고도로 조직화되고 오래가는 인위적인 집단' 사이에 있다. 프로이트는 이 두 구성체 밑에 있는 심리학적 원리를 제시한다. "집단 속의 모든 개인을 동등한 사랑으로 사랑하는 우두머리가—가톨릭교회에서는 그리스도가, 군대에서는 총사령관이—있다"(p. 94). 이것은 더할 나위 없는 사회의 착각으로 볼 수 있는 '신기루'이거나 '환상'이다. 신자들은 자신들을 그리스도 안에서의 형제라고 부른다. 즉, 그리스도가 자신들에게 갖는 사랑을 통한 형제라고 부른다. 각각의 개인을 그리스도와 결합시키는 유대가 또한 그들을 서로 결합시키는 유대의 원인이기도 하다는 것은 의심할 바 없다. 군대도 마찬가지다. 총사령관은 모든 병사를 동등하게 사랑하는 아버지이며, 따라서 그 병사들은 저희들끼리 '동료'다.

그렇다면 프로이트는 리비도가 작용하는 구조의 한 측면(즉, 그 일인이역)을 상술할 수 있다. 정서적 유대는 우두머리, 지도자 또는 아버지와 관계되는 '수직적인' 요소와 집단 구성원들을 향하는 '수평적인' 성분을 지닌 이중적인 방향을 갖고 있다. 프로이트는 이 경우에 다른 유형의 주장을 사용한다. 그는 그 구조가 그렇게 해서 어떻게 변하는지를 검토하기 위해 그 구조의 한 성분을 일시 정지시킨다. 이 실험은 특수한 상황에서 본의 아니게 일어나는데, 프로이트는 그 상황에 대해 두 개의 예를 제시한다. 첫 번째 예는 전쟁 신경증인데, 이것은 독일 군대가 붕괴하는 원인이 되었다. 전쟁 신경증은 대체로 상관이 일반 병사를 다룰 때 사랑이 없는 것에 대한 항의였다. 두 번째 예는 패닉인데, 이것은 "집단의 붕괴를 의미한다. 패닉은 집단 구성원들이 만약 그렇지 않다면 서로에게 나타낼 모든 배려심의 중단을 수반한다"(p. 97). 여기서 다시 프로이트는 추론하는데, 말하자면 표면에서 아래로 내려간다. 집단의 붕괴는 명백한 현상이지만, 그 밑에 있는 과정은 지도자에 대한 사랑의 유대로 그때까지 억제된 적대적인 충동의 해방이다. "사랑의 종교라고 자처하더라도 종교란 그 종교를 믿지 않는 사람들에게는 무자비하고 애정이 없을 수밖에 없다"(p. 98). 이런 원리를 뒷받침으로 삼아 프로이트는 과감하게 말하는데, 이 말은 예언적인 논평인 것으로 판명되었다. "다른 집단 유대가 종교적인 집단 유대를 대신한다면—지금은 사회주의의 집단 유대가 그렇게 하는 데 성공한 것처럼 보이는데—종교전쟁 시대와 똑같은 불관용이 그 바깥에 있는 사람들을 향해 나타날 것이다"(p. 99). 따라서 전쟁 신경증과 패닉의 예는 리비도 구조의 새로운 특징, 즉 양가감정을 드러낸다. 리비도는 사랑만큼이나 기꺼이 증오에 의해서도 활성화될 수 있다. 평소의 조건에서는 공격성이 지도자와의 정서적 유대에 의해 억제된다. 그러나 집단의 개인들 간의 사랑 관계가 사라지면 공격성이 촉발된다. 제5장은 이렇게 해서 기본적으로 집단의 심리학적 구조를 그 양극성(지도자에 대한 사랑과 그 구성원들 간의 사랑)과 양가감정(사랑이 기꺼이 적대감이 되며 그다음에는 파괴로 향한다)이라는 점에서 서술한다.

제6장 '그 밖의 과제와 연구 방향'은 지도자와의 유대가 집단을 구성하는 개인들 간의 유대보다 더 결정적이며, 아울러 인물이 어떤 관념이나 추상물로 대체되는 두 번째 유형의 지도자가 있다고 진술한다. 두 사람 간에 친밀한 감정 관계가 얼마 동안 계속되더라도, 거기에는 혐오감이나 적대감의 앙금이 들어 있다. 그것이 억압의 결과로 인지되지 않을

뿐이다. 그런데 이 메커니즘을 움직이게 하는 것은 무엇인가?

제7장 '동일시'는 이 동일시가 성적인 성분이 없는 대상 리비도 집중이거나, 아니면 본보기와의 동일시라는 것을 보여준다. 동일시는 오이디푸스 콤플렉스와 관련 있다. 그렇지만 어머니를 향한 대상 리비도 집중은 소년이 아버지를 본보기로 삼아 그와 동일시하는 것과 다르다. 아버지와의 동일시와 아버지와 관계있는 대상 선택은 점차 공존한다. "첫 번째 경우에 아버지는 자신이 되고 싶은 존재이며, 두 번째 경우에 아버지는 자신이 갖고 싶은 존재다"(p. 106). 동일시는 '본보기'로 받아들인 타인의 자아 형태와 유사한 것을 주체의 자아에 주고 싶어 한다. 동일시, 즉 대상과의 정서적 유대의 최초 형태는 리비도적 대상 관계의 대체물이 된다. 그리고 대상을 자아 속에 투입함으로써 이 동일시는 성적 충동이 향하지 않은 사람과의 공통된 어떤 것이 인지될 때마다 나타날 수 있다. 이 과정은 남성 동성애 발생의 기초가 된다. 사춘기에는 어머니를 다른 성적 대상으로 교체하지 않고 젊은이는 자신을 어머니와 동일시하면서, 자신의 자아를 대신할 수 있는 대상(즉, 그가 어머니에게서 경험한 사랑과 배려를 줄 수 있는 대상)을 두리번거리며 찾는다. 두 번째 예는 우울증인데, 이것은 자아의 자기비하, 자기비판, 자기비난으로 특징지어진다. 자아는 두 조각으로 나누어지는데, 첫 번째 것은 두 번째 것(즉, 잃어버린 대상의 투입을 다스리는 것)에 격노한다. 두 번째 것은 자아 속에 준비된 힘을 발휘해 자아와 갈등하기 시작한다. "우리는 그것을 '자아 이상'이라고 불렀으며 그 기능이 자기관찰, 도덕적인 양심, 꿈 검열, 억압에서 주된 영향력을 행사하는 것이라고 생각했다"(p. 110). 진정한 자아 이상(이것은 부모가 바라는 것을 닮으려고 한다)과 초자아(이것은 금지를 정하고, 불복종에 대해서는 벌을 주겠다고 위협한다)를 구분하게 되었다. 한 각주는 모방과 동일시의

구분을 간단히 말한다. 유감스럽게도 자세한 논의가 없다.

그러므로 동일시는 집단의 리비도 조직에 필요하다.

제8장 '사랑에 빠진 상태와 최면'은 대상과 자아 간의 또 다른 유형의 관계에 대해서 필수적인 고찰을 담고 있다. 아이의 처음의 성 충동은 억압을 받는다. 이에 따라 그 성 충동은 '목적이 금지된다.' 정애情愛가 관능성을 지배하는데, 하지만 이 관능성은 계속 지하의 삶을 보낸다. "사랑에 빠진 상태의 정도는 목적이 금지된 정애 본능이 순전히 관능적인 욕망과 대비해 차지하는 몫의 크기로 측정할 수 있다"(p. 112). 사랑에 빠진 상태의 특징 중 하나는 자아의 나르시시즘을 상대에게 투사하는 성적인 과대평가다. 자아는 그것이 '투입하는' 대상의 성질로 풍부해진다. 그러나 한 가지 문제가 생겨난다. 대상이 자아나 자아 이상을 대신하는가? 최면은 마음이 홀린 상태와 이에 따른 복종으로 인해 사랑에 빠진 상태와 비슷하다. "최면술사가 자아 이상의 자리를 차지했다"(p. 14). 유사점은 최면 관계가 두 사람으로 이루어지는 집단 형성이라는 사실에 있는 데 반해, 차이점은 최면 관계가 성적 경향을 직접적으로 배제한다는 것이다. 이 유추는 지도자의 매우 중요한 역할을 확증한다. 그는 '집단을 매혹하기 때문이다.' 프로이트는 이제 집단의 심리학적 구조에 대해서 기본적인 공식을 진술할 위치에 있다. "그러한 일차집단은 자아 이상 자리에 동일한 대상을 놓았으며, 그 결과 그들의 자아 속에서 자신들을 서로 동일시한 상당수의 개인들이다"(p. 116).

제9장은 트로터의 '군집 본능' 개념을 다루는데, 프로이트는 그것에 이의를 제기한다.

제10장 '집단과 원시 유목집단'은 프로이트(1913)의《토템과 터부》신화로 돌아가는데, 이 신화는 본래 다윈(1871)의 것이라고 할 수 있다. 다

원은 원시적인 형태의 인간 사회는 강력한 남성이 무제한적으로 지배한 유목집단으로 이루어졌다고 주장했기 때문이다. 집단은 원시적인 유목집단을 연상케 한다고 프로이트는 말한다. 따라서 집단심리는 가장 오래된 인간심리다. 개인심리는 그것에서 점진적으로 또 부분적으로 생겨났을 뿐이다. "원초적인 아버지는 집단 이상이며, 이것이 자아 이상을 대신해서 자아를 지배한다"(p. 127).

제11장은 '자아 속의 한 단계'를 기술한다. 자아에 대한 자아 이상의 압박은 자아의 반발을 일으키기 때문에, 사투르누스 축제나 카니발과 같은 축제 때처럼 금지를 정기적으로 어긴다. 자아와 자아 이상 간의 긴장이 기분의 두드러진 변화를 일으키며, 극단적인 경우에는 우울증과 조증으로 나타난다. 자아와 자아 이상이 조증 환자에서는 하나가 되는데, 그렇게 되면 승리감과 자족감이 생겨나고 그 어떤 자기비판으로도 불안해지지 않는다. 집단의 리비도 구조는 다음과 같은 단계로 퇴행한다. 즉, 한편으로는 자아와 자아 이상 간에 구분이 더 이상 행해지지 않으며, 또 다른 한편으로는 유대의 결과적인 두 유형, 말하자면 동일시와 자아 이상의 자리에 대상을 놓는 것 간에도 구분이 행해지지 않는 단계로 퇴행한다.

프로이트는 그 후의 어떤 저작에서도 집단심리학이라는 주제로 돌아간 것 같지 않다. 게다가 그는 소집단과 대집단을 구분하지 않는다. 집단역학 개념은 20년 후에 쿠르트 레빈에게 와서야 비로소 생겨났다. 프로이트의 1921년 논문은 같은 주제를 다룬 다른 저자들의 어떤 연구에도 영감을 주지 못했다. 그런데 오늘날의 독자는 틀림없이 신자를 지닌 교회와 병사를 지닌 군대라는 두 개의 표준적인 예가 세 번째 예, 즉 (물론 혁명적인 당의 심리학을 포함해) 정당과 그 투사들로 보충되는 것을 보고 싶어 할 것이다. 이 세 번째 집단도 아마 교회와 군대의 특징을 일부 공유할 것이다. 그러므로 정당과 프로이트의 두 집단 간의 차이점을 비교하는 일도 흥미로울 것이다. 교회가 사후에 천국에 간다고 말하는 것처럼, 정당은 인민에게 행복을 약속한다. 군대의 존재는 당의 혁명적인 활동에 필요한 버팀목을 제공하지만, 이와 동시에 당에는 반혁명적인 위협을 나타낸다.

정신의 대리자에 관해서 프로이트는 나중에 의식, 전의식, 무의식(이것들은 정신의 성질이지 대리자가 아니다) 간의 처음 구분을 진정한 대리자, 즉 자아, 이드, 초자아, 그리고 자아 이상ego ideal 간의 보다 폭넓은 새로운 구분으로 바꾸었는데, 몇몇 저자는 거기에 이상적 자아ideal ego의 추가를 제안했다. 바로 이 구분은 프로이트가 고찰한 대집단(이것은 자아 이상을 중심으로 해서 조직된다)과는 달리, 한 이상적 자아를 중심으로 해서 조직된 소집단의 정신 구조를 검토하는 데 유용하다는 것이 밝혀졌다. 정신분석 연구와 실천은 사실 그것이 더 이상 대규모의 집단조직만을 대상으로 하지 않고 소집단을 대상으로 했을 때 격려를 받았다. 한 가지 예외는 멜라니 클라인의 영국인 추종자인 정신분석가 엘리옷 자크 (1951)의 제도적인 연구다. 그는 기업에서 조직과 규칙이 괴롭힘과 억압의 불안에 대해서 방어 메커니즘을 만들어낸다는 것을 보여주었는데, 정신 기능에서 그 메커니즘의 중요성은 클라인에 의해 강조되었다. 가장 독창적인 기여는 월프레드 비온에 의해 이루어졌다. 비록 집단활동에 대한 그의 연구는 몇 년밖에 계속되지 않았지만 말이다. 그는 그 후에는 정신병 환자들의 개인적인 치료에 집중했다.

각각의 저자는 자기 나름대로 개념과 기술을 변형시켰지만, 소규모 정신분석 집단의 기본적인 패턴은 열 명 정도의 참가자로 이루어지는 것으로 간주할 수 있다. 이들은 전에는 서로 몰랐던 사람들로 서로 자유롭게 말하도록 권유받는다. 이들은 정신치료나 훈련의 의도를 지닌 집단이다. 지도자는 집단의 정서, 긴장, 갈등 그리고 그 밑에 있는 각각의 상상, 저항 등등을 해석하는 분석가다.

프로이트 이후(Ⅰ):
비온의 '기본 가정'

비온(1961)은 개인적인 분석 치료의 규칙을 제2차 세계대전 중 한 군인병원의 작업으로 옮겼다. 비온은 400명의 집단을 담당했기 때문에, 이들을 개별적으로 치료할 수 없었다. 게다가 그들에게는 기율이 없었고 게으름이 퍼져 있었다. 그는 이러한 태도를 집단적인 저항이라 보고는, 그들과 말로만 의사소통하기로 결정했다. 그는 개인적인 정신분석의 규칙과 동등한 일련의 규칙을 정했다. 사람들을 그룹으로 나누는 것이었다. 각 그룹은 다른 활동을 한다. 개인들은 자유롭게 그룹을 만들거나 그룹에 들어갈 수 있었다. 그들은 화장실에 가기 전에 규칙에 따라 간호사에게 알리면 집단활동에 참가하는 것을 멈출 수 있었다. 그리고 상황을 점검하기 위해 열병식이나 총회를 매일 정오에 열었다. 자유로운 그룹 활동에 참여하는 것은 그 집단에게는 정신분석을 받는 사람이 자유연상을 하는 것에 상당하는 것이었다. 전자의 경우 활동에 참가하는 도덕적 의무와 후자의 경우 모임에 참가하는 도덕적 의무는 비슷하다. 그리고 마지막으로, 그렇게 정해진 상황에서 생각하거나 느낀 것을 말해보라는 권유(즉 상상, 정서, 전이의 표현)는 매일 행하는 열병식으로 암암리에 나타났다. 이 열병식을 통해 정신의학자는 상황이 진행되면서 집단이 경험하는 것의 의미를 (적절한 곳에서는) 해석할 수 있었다. 이 예비 실험의 성공(그 집단은 빠르게 자신들의 일을 맡았으며, 인격적인 위엄의 수준을 높이는 그룹 활동을 조직하려고 최선을 다했다. 이렇게 해서 그 부적합한 병사들이 적극적인 군 복무로 복귀하는 것이 빨라졌다)은 정신병원에서 그룹 활동을 통한 치료(사회요법)를 많이 시도하게 했다.

전후에 비온은 집단 정신요법을 이용해 퇴역 군인과 전쟁 포로였던 군인들을 회복시켰으며, 그들이 민간인 생활로 복귀하는 것을 용이하게 했다. 무의식에 접근하기 위해서는 기존의 사고를 버려야 한다는 자신의 생각에 따라, 비온은 새로운 개념적 언어를 만들어냈다. 첫째, 그는 소집단에서 두 기능 수준을 구분했다. 첫 번째 수준인 작업 집단work group은 의식적인 자아와 관계있으며 현실을 고려했다. 그러한 집단은 자신들의 목적을 추구하고 그 어려움을 분석했다. 두 번째 수준은 그보다 접근하기 쉽지 않은 기본적인 수준인데, 이것은 작업 집단 밑바닥에 잠재해 있거나 그것을 마비시키는 무의식적인 '기본 가정basic assumption'이며, 집단의 근본적인 경험을 나타냈다. 그는 기본 가정을 세 가지로 구분했다. 의존dependence, 투쟁-도주fight-flight, 구세주 희망과 연결된 짝짓기pairing. 이것들은 프로이트가 그의 논문에서 연구한 세 개의 심리학적 집단과 분명히 잘 일치한다. 의존은 교회의 기초이고, 투쟁-도주는 군대의 기본이다. 반면 부부와 가족은 성애적 욕망의 구체적인 표현이며 아이에 대한 기대다.

비온은 '기본 가정'의 성질과 기원에 대해서 아주 자세하게 들어가지 않았다. 나는 그것들을 개인의 정신과정에서 꿈에 상당하는 집단과정이라고 상상한다. 내가 보기에 '기본 가정'은 잠재적인 내용에 해당하며, 반면 집단에서의 집합적인 협력작업은 현시적顯示的인 내용이다. 따라서 해석은 각각의 참가자가 표현하는 개인적인 상상에서 거의 모든 집단 구성원에게 공통된 '기본 가정'으로 나아가야 한다. 일정한 순간에는 '기본 가정'이 '…을 하는 성향', 예를 들면 지도자에게서 모든 것—음식, 지식, 그날의 명령—을 기대하는 성향이 될 것이다. 이러한 성향은 유아기에 획득되었을 것으로 추측되는데, 어쩌면 타고난 것일지도 모른다. 상상과는 달리 그 성향은 충동의 파생물이 아니라 행동 방식으로까지 올라간 다른 사람들과의 정서적 관계의 형태다. 내가 보기에 이 세 가지 가정은 인간관계의 세 가지 방향으로 발전하는 것 같다. 의존은 아이의 자기 부모와의 관계, 나중에는 일반적인 어른과의 관계와 관련 있다. 적이나 경쟁자에 대한 반응으로서의 투쟁-도주는 형제, 학교 친구, 좀 더 일반적으로는 동시대인과의 아이의 관계와 연결된다. 그리고 마지막으로 짝짓기는 아이의 부모 부부와의 관계(아버지와 어머니의 서로 간의 사랑에 대한 소망이나 거부, 남동생이나 여동생의 기대, 부모 간의 애정 표현에 대한 민감성 등)의 기본이다. 짝짓기의 '기본 가정'은 사랑하는 부부 사이에서 태어나는 집단 구성원에 의한 기적의 의미로 이루어져 있으며 아이, 사상, 일에 대한 (비온에 따르면) '구세주적인' 기대를 동반한다.

프로이트 이후(II): 정신분석 집단, 정신분석적 가족 정신요법, 집단환상 그리고 집단과정

정신분석 집단

진정한 집단정신의 길은 제2차 세계대전 전前 영국에 있는 지그문트

하인리히 포울케스(1964)의 경험과 사상에 의해 가능해졌다. 그의 두 가지 주요한 기여는 집단 구성원들 간의 무의식적인 '공명共鳴' 사상과 집단 현상을 '지금 여기서' 이해하라는 권고였다. 이 충고는 런던의 태비스톡 클리닉에서 존 릭먼에 의해 규칙의 지위로까지 올라갔다. 이를 기초로 해서 에즈리엘(1950)은 완전히 정신분석의 의도를 지닌 집단 상황을 정했다. 여덟 명의 피실험자가 일주일에 두세 번 정신분석가와 한 시간 동안 만났다. 기본 지침은 자유연상하는 것이었다. 집단 구성원에게는 생각나는 것에 대해 가능한 한 자발적으로 서로 이야기하라고 권했다. 두 번째 규칙은 그 집단의 존재라는 사실에서 나왔는데, 이 규칙은 참가자들이 모임 밖에서 만나면 그들이 이야기하고 함께한 일을 다음 모임에서 보고하는 것이었다(모든 것을 집단 안으로 가지고 와야 했다). 일단 치료가 시작되면, 개인적인 면담은 더 이상 허가하지 않는 것을 규칙으로 했다. 분석가는 집단 전체에 집중했으며, 해석의 방향을 거기에만 맞추었다. 그리고 그 해석은 모임에서 집단이 현재 나타내는 태도와 관계있었다. 달리 말하면, 그 해석은 지금 여기서의 해석이었다.

여러 사람이 만나면, 각자는 그의 무의식적인 상상의 대상을 다른 사람들에게 투사해 그들로 하여금 그것에 따라서 행동하게 하려 한다. 그 구성원의 상상이 자신의 상상과 일치한다면, 각각의 구성원은 기대되는 역할을 할 것이며 '공통된 집단 긴장'이 생겨날 것이다. 일치하지 않는다면, 그는 이 긴장에 그때 나타날 무의식적인 방어 메커니즘으로 대항할 것이다. 집단의 한 구성원의 태도나 사고가 다른 구성원들에게 무엇을 의미하는지, 또 각자가 공통된 집단 문제에 명확하게 어떻게 반응하는지를 분석가는 이해해야 한다. 그의 개입은 논의의 현시적 내용이 드러내는 잠재적인 문제─즉, '집단의 지배적인 무의식 상상이라는 공통

분모'(p. 63)—로 향해야 한다. 그가 모두의 침묵, 사람들의 생활에 대한 자세한 설명, 일이나 문학에 대한 쓸데없는 논의, 농담, 다른 사람들 앞에서 말하기를 거부하는 것, 또는 어떤 사람이 다른 사람들을 대신해서 말하거나 그들을 변호한다는 사실에서 끄집어내야 하는 것은 공통된 집단 긴장 형성에의 저항이다. 마지막으로 집단 내의 전이는 무시하는데, 그 분석가에의 집단의 전이만은 의미 있는 것으로 간주한다.

앙드레 뤼피오Ruffiot et al.(1981)는 개인 치료의 규칙을 정신분석적 가족 정신요법psychoanalytic family psychotherapy에 어떻게 옮기는가를 보여줌으로써 그 요법의 특수 환경을 예증했다. 첫째, 적어도 두 세대의 대표자가 모임에 매번 참석해야 한다. 그렇지 않으면 모임은 취소된다(가족을 하나의 체계 일반으로뿐만 아니라 세대에서 세대로의 상상 전달의 체계로도 인정할 필요가 있기 때문이다). 둘째, 자유롭게 말한다는 규칙은 치료자가 심층적인 정신생활의 표출, 특히 꿈에 귀를 기울이고 있다는 진술로 보충된다. 이것은 보통 모임 때마다 꿈을 보고하게 하는데, 그렇게 함으로써 역설과 대항역설의 악순환을 끝낸다. 마지막으로 중립성과 절제의 규칙을 분명하게 언명한다.

따라서 나는 프로이트의 첫 번째 지형학(의식, 전의식, 무의식, 그리고 두 개의 검열)을 기초로 해서, 집단과 꿈 간의 유추를 가정했다(Anzieu, 1966). 개인들은 집단이 그들의 억압된 소망의 상상적인 충족을 제공할 것으로 기대한다. 따라서 집단에서는 실낙원失樂園의 우의적寓意的인 주제, 엘도라도의 발견, 성지의 재정복 또는 키테라Cythera*로 여행을 떠나는 것, 한마디로 유토피아가 빈번히 나타난다. 이와 동시에 불안과 금지의 위반에 따른 죄책감이 강화된다. 자유롭게(즉, 암암리에 자신들의 억압받

---

* 상상 속의 '사랑의 섬'으로 비너스를 숭배하는 섬이며 사랑하는 연인들이 도달하는 섬

은 소망에 대해) 말하라고 권유받는 모임에서 힘없는 침묵을 보통 보게 되는 것은 그 때문이다. 그 결과 나는 집단 환상이라는 용어를 사용해 집단의 집합적인 융합 상태의 추구를 나타냈다: "우리 모두 기분이 좋다" "우리는 좋은 지도자를 가진 좋은 집단이다"(Anzieu, 1971). 이 현시적 내용의 잠재적인 대응물은 좋은 부분 대상part-object으로서의 젖가슴의 함입incorporation이다. 이것은 모두가 어머니/집단에 투사된 나르시시즘적인 전능성의 이상에 참가하는 것이다. 그리고 어머니의 자궁 속에서 경쟁자들/아이들의 파괴에 대한 원초적인 두려움에 대한 경조증적輕燥症的 방어다. 이 점에서는 집단 작업을 프로이트의 두 번째 이론에 기초해서, 모든 집단이—집단 자체가 구성되는 순간부터 그것은 더 이상 개인들의 덩어리가 아닌 만큼—그 구성원들의 주관적인 지형학이 투사되고 재조직되는 측면을 보여줄 필요가 있다는 것이 드러났다. 집단 환상에서는 집단이 각 구성원의 자아 이상을 대신한다. 프로이트가 계급제도가 있는 집단조직에서는 지도자의 아버지 이마고가 각 개인의 자아 이상을 대신한다는 것을 보여준 것처럼 말이다.

나 개인적으로는 이런 종류의 소집단이 단계별로 진화하는 것을 관찰했다. 첫 번째 단계는 참가자들이 미처 의식하지 못하는 분열과 박해불안persecution anxieties으로 특징지어진다. 열두 명 정도의 사람과의 만남은 불안을 일으킨다. 왜냐하면 집단의 화합이 확립되기 전에는 그러한 만남이 각자의 정체성을 위협하기 때문이다. 참가자들은 말을 함으로써 자신의 견해를 다른 사람에게 강요하는 사람만큼이나 침묵하는 사람들에게서도 위협받는 느낌이 들기 때문이다.

이 박해 단계가 지나가면 집단적인 의기양양의 단계가 온다. 이 단계에서는 참가자들이 집단을 사랑하고 집단은 그 참가자들을 사랑하는

데, 지도자도 이 역학에 포함된다. 이것은 내가 집단 환상이라고 부른 것인데, 이 집단 환상은 집단 나르시시즘을 만들어내서 편집증-정신분열증 불안을 행복감과 일체감으로 바꿔버린다. 어떤 집단도 자유롭게 내버려두면 자연스럽게 환상의 순간을 만들어내곤 한다. 그 두 위기 단계에는 비지시적인 집단 관계 속에 있는 개인들에게 특유한 특정 상상들이 발생한다. 처음의 박해 단계에서는 피해 상상 그리고 집단 환상 속에서는 집단을 하나의 입으로 생각하는 상상 표상이 그것이다.

일단 집단이 심리적으로 일체감과 활기를 갖게 되면, 그들은 목표를 획득하며 그 달성 수단을 결정하는 작업에 착수할 수 있다. 그러나 실망이 뒤따르면 집단 환상은 환멸로 바뀔 것이다. 그때에는 개인의 상상, 정서, 생각에서의 차이가 더 심해진다. 집단은 자신들이 목표를 달성할 수 없다고 의식하게 된다. 참가자들은 모두 똑같이 침울해지는 불안을 겪는다. 개인들 간의 갈등이 만연하며 강화된다. 집단의 운명은 경제적인 요인에 달려 있다. 집단은 환멸의 위기를 극복하고 분노와 증오의 감정을 외부 대상에 투사할지도 모른다. 집단의 일체감과 활기를 회복할 목적으로 어떤 적을 지정하는 것은 잘 알려진 현상이다. 이런 식으로 해서, 리비도 충동과 공격 충동은 집단 정신기구의 여러 영역에 공존할 수 있다. 또 하나의 가능성은 자기파괴 충동이 우세해져 마침내 집단의 자기파괴로 최후를 장식하는 것이다.

맺는 말: 엘도라도 찾기-집단과정의 예

엘도라도 신기루는 저술가들의 상상력을 사로잡았다. 이들은 그 전설이 유럽 전체에 퍼지는 데 도움을 주었으며, 상상이나 공상을 발휘해 그 전설을 자세한 설명으로 장식했다. 집단 환상은 잃어버린 많은 상상력을 사로잡아 구체화하는 상상의 정교화를 분명히 할 수 있다.

인디언들의 말에 의하면 신세계 정복자들은 영원히 먼 곳에 있는 은으로 된 산과 집 지붕이 금으로 된 도시를 찾는 데 온 힘을 기울였다. 페루와 파나마에서 가져온 전리품은 돌이켜 생각해보니 대륙 안쪽에 페루에서 플레이트 강까지 놀라운 제국이 존재한다는 소문에 정당성을 주었다. 코르테스가 멕시코에서 가지고 온 보물은 그 아주 터무니없는 희망들을 정당화했다. 그런 이유 때문에, 어떤 실패도 신비의 엘도라도의 정복자가 되고자 하는 자들을 낙담시키지 못했다. 그리고 몸에 금을 잔뜩 바른 인디언 통치자 전설은 아마존 왕국에 대한 믿음을 동반했으며, 남아메리카 북부 정글을 통과하는 강에는 그 여전사들의 이름이 주어졌다.

● 참고문헌

Anzieu, D.(1971), L'illusion groupale. Nouvelle Revue de Psychanalyse, 4: 73–93.

Anzieu, D.&Martin,J.–Y.(1997), La Dynamique des Groupes Restreints, 11th ed. Paris; Presses Universitaires de France.

Barrows, S.(1981), Distorting Mirrors: Visions of the Crowd in Late Nineteenth Centry France, New Haven, CT:Yale University Press.

Bion, W. R.(1961), Experiences in Groups. London: Tavistock.

Darwin,C.(1871), The Descent of Man, and Selection in Relation to Sex, London:J. Murray.

De Gaulle, C.(1932), Le Fil de l'Épée. Paris: Berger Levrault, 1944.

Ezriel, H.(1950), A psycho–analytic approach to group treatment. Brit. J. Med. Psychol., 23:59–74.

Ferenczi, S.(1922), Freud's "Group psychology and the analysis of the ego"–Its contribution to the psychology of the individual. In: Final Contributions to the Problems and Methods of Psycho–Analysis, ed. M. Balint (trans. E. Mosbacher). London: Karnac Books, 1980, pp. 371–376.

Foulkes, S. H.(1964), Therapeutic Group Analysis. London: Allen & Unwin.

Freud, S.(1905), Three Essays on the Theory of Sexuality. Standard Edition, 7:130–243. London: Hogarth Press, 1953.

Freud, S.(1913), Totem and Taboo. Standard Edition 13:1–131.London: Hogarth Press, 1959.

Freud, S.(1916–1917), Introductory Lectures on Psycho–Analysis. Standard Edition, 15 & 16. London: Hogarth Press, 1963.

Freud, S.(1920), Beyond the Pleasure Principle. Standard Edition, 18: 7–64. London: Hogarth Press, 1955.

Freud, S.(1923), The Ego and the Id. Standard Edition, 19: 12–66. London: Hogarth Press, 1951.

Hitler, A.(1925), Mein Kampf. Munich: Zentralerlag der NSDAP, 1940.

Jaques, E.(1951), The Changing Culture of a Factory. London: Tavistock.

Le Bon, G.(1894), Les Lois Psychologiques de l'Évolution de Peuples. Paris: Félix Alcan.

Le Bon, G.(1895), La Psychologie des Foules. Paris: Félix Alcan.

Le Bon, G.(1910), La Psychologie Politique dt la Défense Sociale. Paris: E. Flammarion.

Lewin, K.(1947), Frontiers in group dynamics. Field Theory in Social Science, New York: Harper & Brothers, 1951.

McDougall, W.(1920), The Group Mind. Cambridge, UK:Cambridge University Press.

Moscovici, S.(1991), L'Âge des Foules, 2nd ed.

Ruffiot, A. et al. (1981), La Thérapie Familiale Psychoanalytique. Paris: Dunod.

Trotter, W.(1916), Instincts of the Herd in Peace and War. London: Unwin, 1923.

Wittgenstein, L.(1922), Tractatus Logico—Philosophicus. London: K. Paul, Tronch, Trubner.

부록 II

군중을 유혹하기: 군중심리학에서의 지도자[*]

우르스 스태헬리

19세기 말에 군중은 유럽에서 정치와 학문의 새로운 주제로 나타났다. 이 개념의 발명은 근대 사회의 구조화에 대한 반응이었는데, 이 구조화는 도시화라는 '사회문제'와 보통선거권의 도입이 특징이었다. 전통적인 계급제도에 기초해서 오랫동안 확립되어 온 정체성이 의문시되었다. 그렇지만 새로운 민주주의의 주체는 아직도 나타나지 않았다. 군중이라는 관념은 하나의 대용품이었다. 그것은 새로운 형태의 사회 집합체—계급으로도, 민족의 정체성으로도, 길드와 같은 옛날 형태로도 환원될 수 없는 형태—를 기술하려고 했다. 누구나 군중의 구성원이 될 수 있었다. 의례히 군중에 대한 기술은 그 이질적인 구성을 강조한다. 이런 의미에서 군중은 보통선거권으로 예고된 보편적인 포함 방식을 나타내며, 또 혐오감을 일으키는 민주주의 주체를 대표하게 되었다. 따라서 군

---

[*] Urs Stäheli, "Seducing the Crowd:The Leader in Crowd Psychology", 《New German Critique》(114, vol. 38, No. 3, 63~77쪽, 2011년 가을). 우르스 스태헬리는 독일 바젤 대학교의 사회학 교수다.

중이 사회구성에 나타낸 위협 때문에 군중 이론가들이 그 군중과 민주주의를 동시에 비난한 것은 극단적인 조치가 아니었다.

그러나 군중은 아직은 완전히 다 자라지 못한 새로운 민주주의 주체의 대리인인 것만은 아니었으며, 군중 개념도 노동계급을 반대하는 반동적인 우익의 반론에 불과한 것만은 아니었다. 군중심리학은 또한 전통적인 권력 관계에 더 이상 뿌리박지 않은 사회적 과정을 숙고하는 개념의 실험실a conceptual laoratory도 되었다. 그 자매 학문인 사회학은 사회적인 것이란 무엇인가를 규명하는 데 관심이 있었지만, 군중심리학은 사회적인 것의 안쪽에 관심이 있었다. 군중이 어떻게 기능하는가에 대한 분석은 사회적인 것의 징후를 이해하기 위해서뿐만 아니라 군중을 관리하는 기술을 발전시키기 위해서도 긴급한 과제로 간주되었다. 초기의 군중심리학은 사실 개인의 책임 문제를 고려하고 범죄가 군중 안에서 저질러졌을 때 그 범죄를 어떻게 다루어야 하는가를 숙고하면서 범죄학 분야(군중에 대한 스키피오 시젤레의 저작과 가브리엘 타르드의 초기 저작)에서 시작되었다. 개인들은 군중의 구성원이다. 그러나 일단 군중의 구성원이 되면, 그들은 자율성과 합리성을 잃어버린다. 이 논리에 따르면, 군중은 동물성의 주체가 되어 자기 나름의 의지를 가지며 개인들은 단순한 육체의 움직임과 감정으로 격하된다. 군중심리학은 곧 전문적인 범죄학 이론에서 일반화된 사회 학문으로 진화해 혁명 군중에서 축제 군중에 이르기까지, 심지어는 배심원단과 의회에 이르기까지 풍부한 현상에 적용될 수 있었다.

이 폭넓은 군중 관념은 부수적으로 사회적인 것에 대한 새로운 이해를 가져왔다. 즉, 사회적인 것을 개인, 계급 또는 그 밖의 집단으로 구성된 것으로 이해하지 않고, 사회적 과정이 강조되었다. 게다가 군중의 진행 과정은 자기조직적인 사회현상으로 보았다(그렇지만 이 자기조직화는 쉽게 고장 날 수 있다). 그렇게 되는 이유는 군중의 진행 과정이 자기 강화적이고 가속화하는 성질을 갖고 있기 때문이다('원조 사이버네틱스proto-cybernetics'라고 말하는 사람도 있을지 모르겠다. 왜냐하면 군중은 양陽의 피드백positive feedback을 낳기 때문이다[1]). 따라서 역설적이지만, 군중 이론은 파괴적인 폭도와 같은 반사회적 현상에 대해 우려하는 반동적인 비판으로 출발해서 불안정한 자기조직적인 사회과정에 대해 이른 설명을 발전시켰다. 군중은 아주 변덕스럽고 위험한 사회 집합체로 여겨졌다. 왜냐하면 그들은 전통적인 사회구조에 대해서만 위협을 준 것이 아니라, 사회적인 것에 관해 생각하는 전통적인 방식에 대해서도 위협을 주었기 때문이다. 따라서 군중의 발견과 동시에 군중은 통제되어야 할 무언가로 문제화되었다.

이러한 정황에서 지도자라는 인물이 무대에 등장한다. 강력한 지도자가 아니라면 누가 군중의 역학을 통제할 수 있었겠는가? 그러나 군중과 그 지도자 간의 추론적인 연관은 결코 자명하지 않다. 왜냐하면 군중은 바로 전통적인 지도자 모델의 위기에서 나왔기 때문이다(군중심리학은 '다스리기 어려운 자들을 어떻게 하면 다스릴 수 있는가'라는 질문을 제기했다). '지도자'와 '군중' 간의 관계는 근본적으로 해결하기 어려운 문제였다. 적어도 군중심리학자들이 군중에 대한 급진적인 관념(즉, 군중이 새로운 시대를 나타내는 집단적인 자동조절 현상이라는 급진적인 관념)을 유지하고 싶었다면 말이다. 군중심리학의 중심 교의가 대체로 그랬던 것처럼, 군중이 내재적이며 자기지시적인 논리에 지배받는다면 그때 지도자의 자

---

1 Urs Stäheli, "Protokybernetische Figuren in der Massenpsychologie, "in 《Die Transformation des Humanen》, ed. Michael Hagner and Erich Hörl(Frankfurt am Maim:Suhrkamp, 2008), 299-325.

리와 기능은 무엇인가? 지도자는 군중의 존재에 필요했는가? 지도자는 어디서 생겨나는가? 지도자가 군중을 유혹했는가? 만일 그렇다면 그의 매력의 원천은 무엇이었는가?

나는 이런 문제들을 세 가지 방식으로 다룬다. 나는 첫째 군중심리학을 크게 대중화한 귀스타브 르 봉의 저작을 고찰한다. 1895년에 르 봉은 《군중심리》를 출간했는데, 이 책은 여전히 영향력이 있으며 몹시 논란이 되고 있다. 나는 르 봉이 지도자와 군중 간의 필연적이며 상호구성적인 관계의 문제를 미해결 상태로 두었다고 주장한다. 둘째, 르 봉의 설명과 경쟁하는 군중에 대한 설명들을 검토한다. 지그문트 프로이트와 타르드의 설명이 그러한 것들인데, 이들은 르 봉이 대답하지 않은 채로 남겨놓은 문제들에 대해서 완전히 다른 대답을 전개했다. 나는 이 대답을 연대순으로가 아니라 체계적으로 추적한다. 프로이트의 《집단심리학과 자아분석》처럼 집합행동의 역학에 대한 나중의 심리학적인 접근방식은 지도자를 창시하는 인물로 보았다. 프로이트는 그렇게 하면서 1900년경에 패권을 장악한 사회심리학인 군중심리학을 사회적인 것에 대한 새롭게 나타난 정신분석적 설명 속에 끼워 넣었다. 프로이트는 군중심리학을 넘어서려고 했지만, 타르드는 또 하나의 군중이론가로서 르 봉에게 그의 저작은 큰 영향을 미쳤다. 그럼에도 불구하고 타르드의 군중 묘사는 르 봉의 그것과 상당히 달랐다. 왜냐하면 군중은 사회적 모방에 대한 그의 일반이론의 한 예에 불과했기 때문이다. 본 논문의 마지막 부분에서는, 바로 이 모방의 논리는 군중의 자기조직화 역학을 진지하게 받아들임으로써 개념적으로 지도자의 지위를 약하게 한다고 주장하고 싶다.

르 봉: 지도자와 군중

르 봉은 초기 사회과학에서 가장 논란이 되는 인물 중 한 명이다. 학계에서는 아웃사이더였지만, 그는 세기의 전환기에 파리의 예술과 지성 무대에 엄청난 영향을 끼쳤다. 군중심리학에 관한 르 봉의 짧은 텍스트인 《군중심리》는 초기 사회학에서 얼마 없는 베스트셀러 중 하나였다. 르 봉의 책에는 독창성이 없다는 주장이 꾸준히 제기되었다. 사실 르 봉은 시겔레와 타르드 같은 군중심리학자들의 통찰을 이해하기 쉽게 종합했다고 사람들은 말한다. 군중심리학에 대한 그의 접근 방식은 실제로 개념의 일관성에 대해서는 아랑곳하지 않으면서 군중에 대한 생각들의 절충적인 혼합을 사용했다. 이러한 비난(그리고 이보다 한층 더 가혹한 비난)에도 불구하고 《군중심리》는 학계, 정계, 문화계에서 널리 읽혔다. 앞서 언급한 주장 이외에도, 학자들은 시종일관 르 봉이 전체주의를 위한 프로그램의 초벌 그림을 그렸다고 비난했다. 베니토 무솔리니, 요제프 괴벨스, 아돌프 히틀러가 르 봉의 열렬한 독자였으며, 또한 프랑스군이 군중심리학에서 통찰을 얻어 군대를 조직하려고 애썼다는 것(미국 군대도 제2차 세계대전 중에 이를 따라 했다)은 사실이다.[2] 그러나 르 봉을 단순한 반동주의자나 파시스트로 간단히 처리해버리는 것은 너무 쉬운 일일 것이다. 이러한 시각은 초기 군중심리학자들이 제시한 사회역학 분석에 대해 머뭇거려지긴 하지만, 그래도 잠재적으로는 근본적인 혁신을 무시

2　Robert Nye, 《The Origins of Crowd Psychology》(London: Sage, 1995), 178-79; Joseph Bendersky, "'Panic': The Impact of Le Bon's Crowd Psychology on U.S. Military Thought," Journal of the History of the Behavioral Science 43, no.3(2007), 257-83.

하는 것이다.

르 봉에게서는 군중심리학이 주로 정치의 실제적인 지침으로(즉, 마키아벨리의 《군주론》의 뒤를 이었지만, 민주주의 문제의 요구에 적합한 계승자로서) 사용되었다. 그는 마르틴 루터나 나폴레옹 같은 위대한 카리스마적인 지도자들을 그리워하는 마음으로 불러냈으며, 군중을 통제하고 유혹하는 그들의 능력에 감탄했다. 그렇지만 그는 이 지도자들을 과거의 인물로 인식했다(그리고 그때에도 그들의 사회적·문화적 영향력은 양면성을 지닌 성질이 있었다. 그들은 군중의 구성원들보다 더 빛나는 최고의 개인들이 결코 아니었기 때문이다). 르 봉에 따르면, 위대한 지도자들의 업적으로는 작은 책 한 권밖에는 채우지 못할 것이다. 왜냐하면 그들은 군중의 역학에 상당히 의지하기 때문이다. 따라서 르 봉은 단순히 지도자에 대한 고전적인 관념을 부활시키려고 애쓰지 않았다. 대신 그는 나폴레옹의 카리스마는 없지만 민주적인 군중에 호소해야 하는 정치가를 위해 안내서를 쓰기로 결정했다. 실제적인 점에서 보면, 군중심리학이라는 학문은 이렇게 해서 소박한 목적을 지닌 것 같았다. 군중심리에 정통한 정치꾼처럼, 현대 정치가는 군중에게 압도당하는 것을 피할 수 있었다. "군중심리에 대한 지식은 오늘날 정치가의 마지막 방편이다. 그가 군중을 다스리는 것―이것은 매우 어려운 일이 되었다―을 원하지는 않더라도, 적어도 군중에게 너무 휘둘리지 않는 것을 원한다면 말이다."[3] 과거의 위대한 지도자들에 대한 분석은 군중을 이끄는 현대적인 기술에 암시를 줄 것이다. '위인'의 이미지는 이제 더 이상 특별한 인격이나 '타고난 재능'을

---

3 Gustave Le Bon,《The Crowd: A Study of the Popular Mind》(London: Unwin, 1903), 21. 앞으로는 Crowd로 인용한다.

필요로 하지 않는 다수의 배울 수 있는 리더십 기술을 이길 수 없다.

르 봉의 저작에서는, 지도자들이 개인적인 자율성을 잃어버리면 그들의 지위가 변할 뿐만 아니라, 군중 역시 고전적인 지도자들이 대면했던 집합체와도 다르다. 지도자는 자기조직적이며 창발적인 군중을 다루지 않으면 안 되었다. 이 군중은 이제 더 이상 예의 바르게 해서는 모을 수 없는 사회 집합체였다. 그러므로 전통적인 가치에 호소해서는 이들을 이끌 수 없었다. 현대의 군중은 그 어떤 고전적인 사회집단에 포함시킬 수 없었다. 이들은 역사도 문화적 전통도 갖지 않았기 때문이다. 르 봉이 보기에 군중은 정체성 없는 집합체 양식a mode of collectivity without identity을 들여온다. 그리고 바로 이 '현대성'이 19세기 지식인과 정치인에게는 큰 불안의 원천이 되었다.

군중 자체 안에서, 전에는 이질적이고 서로 별개였던 요소들이 '새로운 존재'—'심리적 군중'이나 '집단정신(Crowd, 30, 26)[4]—로 변한다. 비록 르 봉에게는 명확한 창발성 이론은 없었지만, 그는 집단 정신을 창발적인 현상으로 기술한다.[5] 창발성emergence 개념은 실제로 르 봉의 군중역학 이론과 같은 시대에 생겨났다. 영국의 철학자 조지 헨리 루이스George Henry Lewes가 그 부분들로부터 나올 수 없는 전체의 특성을 가리키기 위해 1875년 창발성이라는 용어를 처음 사용했다. 창발적인 구조들은 부가적이지도 않고 예측할 수도 없다. 그것들은 동시에 생겨났다(SE, 32)[6].

---

4 르 봉은 심지어 '군중의 정신적 통일성의 법칙'에 대해서도 말한다(Crowd, 26).

5 Keith R. Sawyer, 《Social Emergence: Societies as Complex Systems》 (Cambridge: Cambridge University Press, 2005), 39. 앞으로는 SE로 인용한다.

6 그 용어를 사용하지는 않았지만, 오귀스트 콩트는 이미 사회의 환원 불가능성으로서의 창발 관념을 발전시켰다(다음을 보라. SE, 38~39).

이 초기의 철학적인 창발성 이론을 위한 은유는 주로 화학에서, 특히 수소와 산소를 결합해 물이 생겨나는 것에서 끌어왔다(SE, 39). 르 봉도 비슷한 어휘를 사용해, 군중의 형성을 완전히 새로운 것이 생겨나는 화학반응으로 기술했다. 르 봉에 따르면,

> 군중을 구성하는 결집체에는 결코 구성요소들의 합이나 평균치가 없으며, 새로운 성격들의 조합과 창조가 있다. 이는 화학에서 눈앞에 있는 요소들, 예를 들면 염기와 산이 결합해 새로운 물질을 만들어내는데, 이 새로운 물질이 그것을 구성하는 데 쓰인 물질들의 속성과는 전혀 다른 속성을 지니는 것과 같다(Crowd, 30).

르 봉은 통계학을 이용해 군중을 그 요소들의 단순한 평균으로 이해하는 사람들과 자기 입장을 분명하게 구분했는데, 이 통계학적 이해는 벨기에의 사회과학자이자 현대 통계학의 창시자인 아돌프 케틀레Adolphe Quételet가 제안했다. 그 대신에 르 봉은 군중이란 새로운 '몸body'이며, 이것이 이번에는 '자기생성적으로' 새로운 요소들을 만들어낸다고 강조했다.[7] 떨어져 있었던 개인들은 군중의 구성원이 되자 그들의 개성을 버리고는, 비록 일시적이긴 하지만 하나의 동질적인 단위로 변했다. 따라서 군중은 단순히 그 개인들의 합이 아니었다. 오히려 개인들은 군중의 일부가 된 다음에는 개인이기를 멈추었다. 이런 의미에서 군중의 역학은

---

7 물론 르 봉은 자기생성autopoiesis이라는 어휘를 사용하지 않았다. 군중심리학이 도입하는 것은 군중의 요소들조차 단순히 거기에 있지 않다는 사상이다. 그들은 군중에 더해지는 이미 존재하는 개인들이 아니다. 오히려, 군중이 된다는 것은 탈개인화된 요소들을 만들어낸다는 것이다. 다음을 참조하라. Stäheli, "Protokybernetische Figuren."

새로운 어떤 것을 만들어냈다. 개인들은 군중의 혼을 전달하는 감정의 매개자가 되었다. 르 봉은 군중이 자기조직적이라고 보았다. 그런데 그들은 지도자 없이, 따라서 창시하는 인물을 요구하지 않고 생겨났다. 그럼에도 불구하고 르 봉이 보기에 군중은 지도자를 신뢰하는 경향이 있다. 반면 지도자는 군중에게 방향을 제시해 그들의 안정성에 기여한다. 결국 무리는 목자牧者를 필요로 한다. 그러나 일반적으로 목자는 무리의 다른 구성원들과 절대적으로 다르지는 않다. 그 대신에 그는 무리 안에서 생겨난다. 지도자는 이미 군중의 일부이기 때문에, 그는 군중 자체보다 먼저 있거나 그 외부에 있는 창시자의 역할을 할 수 없다. "지도자는 처음에는 대개 지도받는 자였다. 그는 자신이 어떤 사상의 전도자가 되기 전에 먼저 그 사상에 도취되었다"(Crowd, 134). 예를 들면 로베스피에르는 루소의 사상에 도취되었다고 한다(Crowd, 134). 르 봉에게 지도자 자신은 마음의 지배자라기보다는 마음을 빼앗긴 자이며, 잠재적으로는 선동가이거나 심지어는 광인狂人이다. 지도자 자신은 그가 품고 있는 사상이나 비전에 홀려 있고 매혹되어 있으며, 그가 군중을 합리적으로 통제할 수 없을 정도로 그 사상이나 비전에 사로잡혀 있다. 그 대신에 그는 보다 더 황홀한 수단으로 군중을 매혹하는 데 헌신한다.[8] 그는 종종 광인과 비슷하지만, 그의 결단력만으로 군중을 매혹한다. 지도자와 나머지 군중을 구분 짓는 것은 그의 의지뿐이며, 어떤 특별한 지적 능력이나 우월한 도덕성이 아니다. "지도자들은 통찰력이 별로 없으며, 있을 수도 없을 것이다. 통찰력은 일반적으로 사람을 의심에 이르게 해서 행동하지 못하게 만들기 때문이다. 그들은 특히 신경쇠약자, 쉽게 흥분하

---

8   다음을 참조하라. Charles Lindholm, 《Charisma》(Oxford: Blackwell. 1993), 8.

는 사람, 마치 미친 것 같은 반정신병자 중에서 충원된다"(Crowd, 134).
르 봉은 군중에 대해서는 짐짓 겸손한 체하는 태도를 보였을지 모르지
만, 군중 지도자에 대해서는 역시 비판적으로 바라보았다. 그는 군중의
지도자를 병적으로 흉한 인물이라고 보았기 때문이다.

  그렇다면 지도자의 임무는 무엇인가? 그는 선동하는 믿음으로 가득
채워져 있다. "종교적인 믿음이든 정치적인 믿음이든 사회적인 믿음이
든, 어떤 업적·인물·사상에 대한 믿음이든 믿음을 불러일으키는 것은
언제나 위대한 지도자들의 역할이었다"(Crowd, 135~36). 지도자는 다른
사람들을 합리적인 주장으로 설득하지 않는다. 대신에 그는 자신이나
어떤 대의명분에 대한 믿음이 생기게 하는 능력을 과시한다. 그러한 믿
음을 만들어내는 데 가장 중요한 수단은 위세라는 신비한 힘에서 찾을
수 있다. "위세는 모든 권위의 주요한 원동력이다. 신도 왕도 여자도 그것
이 없었더라면 결코 지배하지 못했을 것이다"(Crowd, 148). 위세는 예를
들면 성공을 통해 얻을 수 있다. 가장 효과적인 종류의 위세는 "개인에
게 본질적으로 특유한 어떤 것"이다(Crowd, 148). 위세는 합리적인 판단
으로는 여하튼 제한되지 않는, 지도자와 추종자 간의 직접적인 관계를
만들어낸다. 위세에 매혹되면 즉시 맹목적인 모방이 일어난다. 따라서
지도자의 몸이나 감정의 상태가 중요하다. 군중의 구성원들은 지도자의
감정 상태에 영향받기 때문이다. 군중 구성원들은 전염에 이끌리기 때
문에, 시간이 걸리는 합리적인 논증의 이해와 비교하면 훨씬 더 빠른 지
도자 명령의 모방을 허용한다. 지도자의 떨리는 몸짓과 자제되지 않은
의지는 기꺼이 모방되어 추종자들의 감정에 본능적이면서도 비합리적
으로 영향을 미칠 것이다. 군중을 이끄는 이 감정 논리가 군중심리학의
기본적이며 가장 필수적인 교의다. 그렇지만 즉각적인 모방을 일으켜서

군중을 완전히 매혹하는 것은 바로 지도자의 형체와 그의 감정 상태다.

이 감정 형태의 커뮤니케이션은 어떻게 작동하는가? 르 봉은 이 최면 모델에 기초한 두 개의 주요한 커뮤니케이션 기술을 확인한다. 단언과 반복(Crowd, 141). 지도자는 주장하기 위해 논증의 탁월함에 의지하지 않고, 그 대신 단호한 의지를 사용한다. "단언이 간결할수록, 그것이 어떤 증거나 논증의 근거가 없을수록 그 단언은 더 많은 권위를 지닌다"(Crowd, 141). 단언은 주장을 노골화시켜 슬로건, 이미지 또는 은유가 되게 한다. 군중은 시각에 익숙해 있다. 따라서 그들은 이해하기 쉬운 단순하고 장황한 자극에 아주 강하게 반응하는 경향이 있다. 강력한 단언은 내용과는 거의 상관없다. 내용 자체는 쉽게 대체될 수 있기 때문이다. 내용이 어떻게 전달되느냐가 더 중요하다. 변함없이 반복될 때만 단언은 설득력이 있다. 이는 바로 그 친숙함 때문이다. 반복 자체가 반복된 사상의 위세를 더해줄 수도 있는데, 르 봉은 문학사를 통해 이 사실을 예증한다. 문학사는 어떤 텍스트에 대한 똑같은 판단을 수 세대 동안 기록한다. 이렇게 해서 호메로스 같은 저자가 계속 위세가 있는 것이다. "현대의 독자에게는 호메로스의 작품이 이론의 여지가 없을 정도로 엄청나게 지루하지만, 누가 감히 그렇게 말하겠는가?"(Crowd, 150). 문학사마저 전통적인 위세 효과를 만들어낸다. 따라서 독자는 비판적인 거리를 잃어버리며, 마침내는 반복에 눈이 먼다.

반복을 통해 단언은 본래의 주제에서 분리된다. 단언이 자주 반복되면 누가 처음에 어떤 것을 주장했는지는 잊기가 쉽다(Crowd, 142). 이렇게 해서 지도자는 중심에 있지 않은 주체가 된다. 군중에 대한 그의 영향은 식별할 수 있는 내용이나 지도하는 이념도 없고 의미 있는 역할을 하는 개성도 없이, 커뮤니케이션 효과에 엄격하게 한정되어 있다. 지도자로 하여금 권력을 행사할 수 있게 해주는 것은 슬로건을 반복할 수 있는 것과 사람의 마음을 끄는 묘사다. 르 봉이 매우 분명하게 인식한 것—또한 그를 선전 사상의 초기 주창자 중 주요 선구자로 만든 것—은 커뮤니케이션 기술의 중요성이었다. 이 기술과 지도자의 관계는 양면성이 있었다. 지도자의 의지력이 슬로건에 활력을 주지만, 슬로건의 반복은 한 사람의 특정한 지도자에게 의지하지 않았다. 이것은 또한 르 봉이 지도자들은 종종 짧은 시간 후에 쉽게 대체된다고 추측하는 이유를 설명해준다. 그러한 대체가 가능한 것은 오로지 이 커뮤니케이션 기술이 자기 나름의 생명을 갖고, 한 사람의 특정한 지도자와는 상관없이 작용하는 경향이 있기 때문이다. 따라서 위대한 지도자라는 인물은 배울 수 있는 주요 기술의 전체로 분해될 수 있다. 이 때문에 르 봉은 그의 책의 주된 목적이 실천적인 충고를 절실히 필요로 하는 현대 정치인에게 안내서가 된다고 보았다. 따라서 군중심리학은 고전적인 권력이론(여기서는 권력이 지도자의 개성, 전통, 역사에 기초한다)을 권력과 커뮤니케이션 기술을 동일시하는 개념으로 변화시키기 시작했다.[9]

이것이 르 봉에게서 지도자 역할이 아주 양면적인 이유다. 물론 지도자는 중요한 역할을 한다. 그러나 창시하는 인물로서도 아니고 권력의 단 하나의 중심으로서도 아니다. 그 대신에 군중은 지도자를 안정시키는 사람stabilizer으로 이용하는 창발적 과정을 통해 생겨난다.[10] 르 봉

---

9 다음을 참조하라. Mikkel Borch-Jacobsen, 《The Freudian Subject》, trans. Catherine Proter(Stanford, CA: Stanford University Press, 1988), 145. 앞으로는 FS로 인용한다.

10 Jean-Pierre Dupuy, "The Autonomy of Social Reality", in 《Evolution, Order,Complexity》, ed. Elias Khali and Kenneth Boulding (London: Routledge, 1996), 61~89. 뒤피는 체계 이론적인 시각에서 프로이트 군중심리학의 해석을 제시하면

이 보기에 군중에게는 으레 지도자가 있으며, 그가 없으면 군중은 곧 해산된다는 것은 사실이다. 안정시키는 사람 또는 지향점일지라도, 여전히 지도자는 불안정한 위치에 있다. 예를 들면 르 봉은 항의하는 자들의 군중을 필사적으로 쫓는 지도자들을 언급한다.[11] 따라서 지도자는 최고의 권력 중심에서 멀리 떨어져 있는데—예가 보여주는 것처럼, 지도자는 사상에 사로잡혀 있을 뿐만 아니라 다스려야 할 군중에 의해서도 움직인다. 지도자는 모방 과정의 순수한 매개자이면서 활력을 불어넣는 힘이라는 양면적인 위치를 차지하고 있다. 르 봉은 '지도자의 의지와 그가 할 수 있는 모방이 어떤 관계에 있는가'라는 문제를 미해결 상태로 두고 있다—이 문제를 르 봉의 그것과 경쟁하는 군중 설명에서는 아주 다르게 풀었다. 한편으로는 모방 과정 자체에 초점이 맞춰져 있다(타르드). 다른 한편으로는 지도자를 창시하는 인물(프로이트), 즉 바로 공동체의 기원으로 볼 수 있다.

프로이트: 동일시 인물로서의 지도자

르 봉의 군중심리학을 재구성하면서 프로이트는 다음과 같이 쓴다. "르 봉의 저작에서는, 지도자의 역할과 위세에 대한 강조가 군중심리에 대한 그의 상당히 훌륭한 묘사와 조화를 잘 이룬다는 인상을 주지 못

서, 군중 안에 있는 것으로서의 지도자 모델로 결론짓는다. 지도자는 군중에 의해 구성되는데, 마치 군중 밖에 있는 것 같다.

11 Edwin Hollander, 《Inclusive Leadership》(London: Routledge, 2009), 151.

하고 있다."[12] 프로이트는 지도자가 군중을 구성하는 데 아무런 역할을 하지 못하고 단지 이미 존재하는 사상을 구체화하는 것에 지나지 않는다는 사실을 비판한다. "일반적으로 르 봉은 지도자들의 중요성을 그들 자신이 광적으로 지지하는 사상에서 끌어내고 있다"(MP, 28). 프로이트에 따르면 르 봉의 무리와 목자의 은유는 지도자 문제를 선취한다. "군집 본능은 지도자가 차지할 공간을 전혀 남겨놓지 않는다. 지도자는 거의 우연하게 무리와 한패가 될 뿐이다"(MP, 73). 사실 르 봉은 군중의 어떤 구성원이라도 지도자가 될 수 있다고 강조한다. 이 이론에 따르면, 군중은 그가 누구든 그들의 목자를 찾아낼 가능성이 상당히 있다. 군집의 논리는 목자에서 끄집어낼 수 없고, 폭넓은 형태의 상호모방으로 설명되어야 한다. 수평적인 모방 네트워크만이 군중에게 지도자를 받아들일 준비를 시킨다.

프로이트는 르 봉의 무리herd 은유에 유목집단Horde 은유로 응수한다. 르 봉에게서는 지도자가 임의의 인물이며 주어진 상황에서 우연히 세력을 얻지만, 프로이트에게서는 지도자가 유목집단을 구성하는 역할을 하게 된다. 르 봉처럼 프로이트도 지도자를 최면술사로 생각한다. 그러나 프로이트는 암시라는 용어를 동일시라는 그의 정신분석 언어로 바꾼다. 여기서는 최면을 사랑에 빠진 것과 비슷한 상태로 본다. 지도자든 사랑하는 사람이든, 다른 사람이 자아 이상의 자리를 차지한다(MP, 66~67). 프로이트에 따르면 군중은 자아 이상을 대신하는 대상에서 그들의 중심을 찾고자 한다. "그러한 일차집단은 그들의 자아 이상 자리에 동일한

---

12 Sigmund Freud, "Mass Psychology and Analysis of the 'I'", in 《Mass Psychology and Other Writings》, trans. J. A. Underwood(New York: Penguin, 2004), 28. 앞으로는 MP 로 인용한다.

대상을 놓았으며, 그 결과 그들의 자아 속에서 자신들을 서로 동일시한 상당수의 개인들이다"(MP, 69). 프로이트는 군중이 자기조직적인 창발적 현상이라는 관념을 분명하게 거부한다. 르 봉이 보기에 군중은 다양하고 상호적인 암시 행위로 통합되지만, 프로이트는 고도로 중앙 집중화된 사회 공동체 모델을 제시한다. '일차집단'은 그들이 자신들의 자아 이상을 집중할 수 있는 지도자가 없다면 형성될 수 없다. 투사projection에 의해 생겨나는 이러한 매개자 때문에 군중이 존재한다. 자아 이상을 공유하는 개인들만이 군중을 형성할 수 있다. 이렇게 해서 프로이트는 옆으로의 암시나 상호적인 감정 전염이라는 역학을 어느 것이든 배제한다. 군중심리학이 지도자의 역할을 무시하거나 과소평가하는 것을 비판함으로써, 프로이트는 역설적이지만 군중 없는 군중이론을 발전시킨다. 그렇게 하면서 그는 또한 비조직화된 자연발생적인 군중과 군대나 교회와 같은 조직화된 사회집단이나 제도 간의 구분을 없앤다. 이러한 설명에 의해 동일시는 어떤 사회현상에서도 추축樞軸이 된다. 분리되어 있던 개인들은 오로지 자신을 지도자와 동일시하는 것에 의해서만 군중(따라서 사회적)이 될 수 있다.[13]

프로이트에게는 지도자와 군중 구성원 간의 절대적인 차이가 있다. 지도자는 군중의 일부가 될 수 없다. 이 둘은 엄격한 외재성 관계 속에서 조직된 절대적으로 다른 실체이기 때문이다. 프로이트도 르 봉처럼 지도자는 강한 의지가 있다고 주장한다. 그렇지만 이 의지는 결코 리비도 성질을 갖고 있지 않다. 지도자는 추종자들에게 얽매여 있지 않으며,

---

13 프로이트는 이 문제를 인지했지만, 동일시 용어를 사용했기 때문에 그것을 풀 수 없었다. "지도자만이 아니라 개인들도 제각기 다른 개인에게 암시의 영향력을 행사한다는 사실을 인정하면, 암시의 영향력은 더욱 커다란 수수께끼가 된다"(MP, 72).

또 그가 대표하는 사상에도 얽매여 있지 않다. 지도자는 자기 이외에는 누구도 사랑하지 않는다. 즉, 그는 나르시시스트다. 이 나르시시즘은 지도자를 오로지 자신만을 믿는 최고의 주체로 만든다. 반대로 지도자는 그가 이끄는 사람들에게서 열광적으로 사랑받는다. 따라서 지도자와 군중의 관계는 근본적으로 비대칭적이다. 군중은 지도자를 필요로 하지만, 지도자는 자기 자신만을 필요로 한다. 지도자에 대한 이러한 생각은 군중심리학과 크게 다르다. 군중심리학이 이해하는 지도자는 건전한 정신이 거의 없다. 그의 무한한 의지는 외적인 힘에 이끌려서 그는 마치 간질환자처럼 격분한다. 종종 지도자는 그가 지배한다고 여기는 군중의 꼭두각시가 된다. 그러한 지도자는 자신을 사랑하는 상태에 있지 않다. 그는 자기충족적인 인물이 아니다. 그는 외부의 힘에 끌려다닌다. 이와 대조적으로 프로이트는 원초적인 아버지가 유목집단에서 지도자 역할을 차지하며 난폭한 부정brutal negation을 통해 힘을 얻는다고 주장한다. 자기 아들들에게 성적 만족에의 직접적인 접근을 금지함으로써 그 자신은 성적 즐거움을 즉시 누리는 유일한 인물이 되지만, 유목집단의 남성 구성원들에게는 긴밀하면서도 평등한 유대관계(억압받은 자들의 형제애)를 맺게 한다. 따라서 프로이트 말대로라면, 지도자는 더 이상 양면적인 지위를 갖지 않고 창시하는 아버지, 즉 유목집단의 중심이자 법의 화신으로 나타난다. 프로이트가 제공하는 것은 군중에 대한 창시 이야기다. 원초적인 아버지의 금지는 사회적인 집합체로서의 군중의 기원을 이야기해주는 한 가지 방법을 제공한다. 이와는 대조적으로 르 봉이 보기에, 일직선적으로 늘어선 이야기로는 군중의 형성을 설명할 수 없다. 나폴레옹 같은 카리스마적인 개인들이 존재했을지 모르지만, 이런 개인들은 군중을 구체화하지도 만들어내지도 못한다. 군중은 기술될 수 있지만, 그들을 인과관계의 이야기 속에 놓을 수 없다. 군중심리학에서는, 군중의 형성을 일으키는 것은 아버지의 금지도, 그 어떤 창시적인 사건 (이것은 사회적인 것을 구성한다)도 아니라 일련의 우발적인 사건이다.

타르드: 위세와 모방

타르드의 군중심리학은 종종 부당하게도 르 봉의 군중심리학과 같다고 여겨진다.[14] 르 봉은 결코 분명하게 타르드를 언급하지 않지만, 그의 군중 및 모방 이론이 그의 동시대인에게서 영향받았다는 것은 의심할 바 없다. 이 영향이 지도자 문제에 대한 타르드의 접근 방식이 지닌 의미 있는 차이점을 가려서는 안 된다.

르 봉보다 훨씬 큰 정도로 타르드는 자기지시적인 창발성self-referential emergence을 강조한다.

군중이란 이상한 현상이다. 그것은 서로 모르는 이질적인 요소들의 무리다. 그렇지만 그들 중 어느 누군가에게서 돌연히 나타난 열정의 불똥이 그 무질서한 군집을 흥분시키면 자발적으로 형성된 일종의 급작스런 조직이 생겨난다. 그 지리멸렬함은 응집력이 되며, 그 소란은 하나의 목

---

14 린드홀름조차 카리스마 개념에 관해 다른 점에서는 유익한 그의 책에서(각주 8을 보라), 타르드의 군중심리학과 르 봉의 군중심리학을 구분하지 못하고 있다. 현재의 사회이론이나 문화이론에 비추어서 타르드를 재해석하는 것에 대해서는 다음을 보라. Christian Borch and Urs Stäheli, eds., 《Soziologie der Nachahmung und des Begehrens》 (Frankfurt am Main: Suhrkamp, 2009).

소리가 된다. 그리고 그 밀집한 많은 사람은 곧바로 이젠 단 하나의 짐승, 즉 어떤 억제할 수 없는 합목성을 갖고 그 목표를 향해 가는 이름없는 끔찍한 야수다.[15]

지도자—또는 타르드의 말로 하면, 권위자—는 최면술사다. 르 봉이나 프로이트처럼 타르드도 최면을 지도자의 효과를 고찰할 때 하나의 이론적인 모델로 사용한다. 그러나 타르드는 동일시 모델을 피한다. 르 봉과는 대조적으로, 타르드는 최면이나 암시와 같은 현상들을 분석할 때 개념적인 기초를 제공하기 위해 모방이라는 일반적인 사회이론을 만들어내는 데 관심이 있었다. 타르드에 따르면 지도자는 '매혹하는 자'다. 그는 '매혹된 피술자被術者에게서 믿음과 욕망의 일정한 잠재적인 힘'을 일깨운다.[16] 이 과제를 수행하려면 지도자는 타르드가 '위세'라고 부르는 것을 나타낼 필요가 있다. 위세는 단순히 지도자의 인격에서 나올 수 없었다. 오히려 그것은 관계 개념으로 간주된다. "우리가 어떤 사람의 눈빛에서 위세를 보는 것은 우리가 어떤 일정한 것을 주장하거나 하려고 하는 그의 요구에 응답하는 한에서다"(LI, 78). 따라서 처음부터 지도자는 군중을 창시하는 역할을 하지 않는다. 대신 그는 군중의 요구에 반응하며 일어선다(그러므로 그는 군중과 관련해서만 고찰될 수 있다). 타르드의 저작에서는 암시와 모방이 정신분석의 동일시 모델을 대신한다. "최면에 걸린 사람은 다른 사람에게 복종하는 것이 아니라, 다른 사람이 되

---

15 Gabriel Tarde, 《Penal Philosophy》(1890), trans. Rapelje Howell(Boston: Little Brown, 1912), 323.

16 Gabriel Tarde, 《The Laws of Imitation》(1890), trans. Elsie Clews Parsons(New York: Holt, 1903), 78. 앞으로는 LI로 인용한다.

며 마치 다른 사람 같다"(FS, 230).

타르드는 모든 모방 과정이 비대칭으로 시작한다는 가정에 의거해서 지도자 이론을 세운다. 고대 사회는 "최고로 오만하고 자신감에 찬 몇몇 개인들이 행사한 권위의 대대적인 과시"와 함께 생겨났다고 그는 주장한다(LI, 78). 그러나 개인의 천재성과 강인함으로는 위세 효과를 설명할 수 없다. 타르드는 '원시적인' 아시아 사회에 대한 민족학적 연구에서 하나의 예를 이용해 그러한 주장을 한다. 그 연구에 따르면, 그 사회들은 살아남기 위해서 "창시자의 강인함과 정력"에 의지했다(LI, 80). 타르드는 이 점을 주장하지만, 다른 곳에서는 강한 제한 조건을 덧붙인다. "저술가들은 종종 매우 보잘것없는 사람들에게서 나타나는 위대한 아이디어나 심지어는 작은 아이디어들(즉, 공동의 산물에 우리 각자가 가져다준 무한히 작은 혁신들)에 대해서 말했어야 하는 곳에서도 빈번히 위대한 사람들에 대해 말하는 잘못을 저질렀다."[17] 타르드의 관찰은 더 이상 축소할 수 없는 두 개의 대립(지도자와 추종자 간의 대립 그리고 발명과 모방 간의 대립)으로 특징지어진다. 프로이트와는 달리 타르드는 지도자의 근본적인 역할에 관심이 없었다. 대신 그는 지도자가 사회에서 모방의 흐름에 어떻게 기여하는가를 분석한다. 지도자는 창조적인 천재가 아니라, 새로운 사상에 대한 열정과 모방 형태를 발생시키는 특별한 재능을 품고 있다. 개인의 창의가 리더십으로 수렴되지만(가축 무리의 경우처럼), 지도자의 지위는 고정되어 있지 않다. "모든 야생 짐승의 무리는 지도자, 즉 영향력 있는 우두머리가 있다"(LI, 4). 타르드는 지도자의 역할을 훨씬 덜

---

17 Gabriel Tarde, 《Soial Laws: An Outline of Sociology》(1898), trans. Howard C. Warren(New York: Macmillan, 1907), 188.

극적인 것으로 묘사한다. 이것은 에스피나스Alfred Victor Espinas에서 빌려 온 개미총에 대한 그의 기술에서 특히 분명해진다. 거기서 타르드는 개미총이 어떻게 해서 세워지기 시작할 수 있었는지를 물었다. "한 마리의 개미가 무리에서 나와 제일 먼저 일을 시작한다. 그러고는 더듬이로 이웃 개미들을 쳐서 도와달라고 알린다. 그다음에는 모방적 전염이 나머지 일을 한다"(LI, 4).[18] 확실히 '개미 지도자'의 개성은 별로 중요하지 않다. 대신 지도자의 단 하나의 임무는 어떤 새로운 실천이나 관념의 모방을 일으키는 것이다. 사건 자체가 지도자의 역할을 하게 한다. 이번에는 현대사회가 발명과 모방 흐름의 극적인 확산을 목격한다.

덜 복잡한 사회에서는 모방의 흐름이 여전히 단 하나의 지도자나 지도적인 사상에 집중될지도 모른다. 그렇지만 현대사회에서는 이 흐름이 분산된 네트워크 속에 배열되어 있다. 여기서는 많은 모방 광선이 지배를 위해 투쟁한다. 그러나 야콥센Mikkel Borch Jakobsen이 프로이트와 르 봉에 대한 그의 해석에서 지적한 것처럼, 지도자를 복수화하는 것은 바로 그 지도자에 대한 관념에 치명적이다. "지도자가 두 명이나 여러 명이라면 무슨 일이 일어나겠는가?"(FS, 145). 복잡한 사회에서는 단 한 명이 더 이상 모방을 일으키지 못한다. 모방하는 이유가 더 분산되고 이질적이 되었으며, 경쟁하는 많은 형태의 위세와 리더십을 만들어냈다. 위세는 이제 "아버지의 전통과 관습이라는 단 한 곳에 집중되지 않고 교사, 동료, 친구, 외국인의 영향 아래 수많은 복종과 경신으로 분산되어 있다"(LI, 269). 민주주의에서는 지도자와 추종자가 말하는 방식에서조차 서로 매혹할 수 있다. 즉, 이것은 그 둘 간의 구분 자체를 해체시킬 수 있

---

18 다음을 보라. Alfred Victor Espinas, 《Des sociétés animales》(Paris: Baillères, 1878).

는 하나의 가능성이다(LI, 77). 그러한 상호적인 매혹은 보통 막을 수 있지만, 원칙적으로 그것은 어느 때나 일어날 수 있다. 지도자의 입헌적인 역할을 프로이트가 나중에 강조한 것과는 대조적으로, 타르드는 지도자에 대한 약한 관념을 도입한다. 지도자는 더 이상 나르시시트가 아니라 많은 요소 중 하나에 불과하다. 상호적인 모방과 함께 모방의 복잡한 뒤얽힘도 존재한다. "어떤 최면 상태에 있는 사람이 그의 매개자를 계속 모방해서 그 자신이 매개자가 될 정도에 이른 다음 또 제3자를 매혹하고, 이번에는 다시 그 제3자가 그를 모방하고 그런 식으로 계속된다고 가정해보자. 그것이 바로 사회생활이 아닌가?"(LI, 84). 타르드에게서는 사실상 이러한 모방의 뒤얽힘이 누구든지, 적어도 일시적으로는 지도자 역할을 맡을 수 있는 사회에 규범을 제공한다.

　타르드의 모방이론과 이것이 지도자 개념에 암시하는 의미에 대한 요약은 아마 유용할 것이다. 첫째, 그는 지도자를 역사화한다. 지도자는 모방 연쇄를 설명할 수 있는 많은 가능성 중 하나에 불과하다. 왜냐하면 그의 개시는—원칙적으로—비대칭적이지만 완전히 우연적이기 때문이다. 첫째, 누군가가 그를 모방해야 한다. 이 과정에서는 지도자 자신이 종종 부차적이다. 둘째, 지도자가 한 명 이상일 수 있다(또는 매혹시키는 사건이 하나 이상일 수 있다). 이렇게 해서 동일시라는 프로이트의 중앙 집중형 모델은 지도자들(또는 이에 상당하는 것들)의 수평 분산형 모델로 변한다. 셋째, 지도자는 다른 지도자 안에서 새 둥지를 찾을 수 있다. 이 이론에 따르면 지도자 자신이 다른 지도자를 따른다. 결국 지도자의 위치가 시간적으로 한정된다. 넷째, 지도자가 이처럼 새 둥지를 찾는 것으로 타르드는 지도자 매개체 이론a media theory of leader의 윤곽을 그린다. 지도자는 새로운 사상과 발명의 매개자가 되며, 그가 사상이나 실천에 대한 열광(심지어는 놀라움)을 얼마나 일으키느냐 하는 것으로 측정될 수 있다. 작은 사건의 사회학은 타르드가 에밀 뒤르켐의 상징 구조의 물화物化에 반대한 것과 똑같은 정도로 그로 하여금 위인이론에 반대하라고 요구한다. 타르드는 이 반대를 아주 능숙하게 수행했다.[19] 그는 지도자 이론을 버리지 않고 말하자면 지도자의 감정 기술을 비개인화했다. 르 봉은 지도자들이 위세라는 불가사의한 것으로 군중을 유혹한다고 암시한 반면, 타르드는 이 불가사의한 것을 일상의 사회적인 작용으로 옮긴다. 르 봉은 위세를 주술적인 것으로 본다. 위세가 두려움에 의해서든 놀라움에 의해서든 모방을 불러일으킬 수 있기 때문이다. 타르드에게는 암시가 합리적인 근거로 환원될 수 없는 모방과 같은 종류의 역할을 한다. 모방은 전류처럼 퍼진다. 즉, 이것은 신호 없이 의사소통하는 동물 사회에서 아주 잘 관찰할 수 있는 현상이다(LI, 204). 따라서 위세는 반드시 개별화되지는 않으며, 모방 광선에 활력을 주는 힘과 유사하다.

내용 안내: 군중을 이야기하기

동일시 모델에서 표현된 것처럼, 지도자는 군중(또는 전체로서는 사회 집합체)이 어떻게 구성되는가를 이야기할 수 있게 해준다. 그러한 지도자 인물은 사회적인 실체의 기원을 설명해주는 어떤 창시적인 신화에 의존

---

19 타르드와 뒤르켐의 논쟁에 대해서는 다음을 보라. 《Gabriel Tarde, Communication and Social Inflence》, ed. Terry N. Clark(Chicago: University of Chicago Press, 1969); 그리고 Steven Lukes, 《Emile Durkheim: His Life and Work》(Stanford, CA: Stanford University Press, 1985), 302-13.

한다. 이와는 대조적으로 군중심리학에서는 창발적인 군중은 직선적인 이야기 속에 끼워 넣을 수 없다. 군중은 갑자기 명백한 이유 없이 나타난다. 군중은 역사가 없다. 그 '기원'은 우연적이며 종종 의미 없다. 이 이론에 따르면, 군중은 기원이나 창시의 어떤 논리도 피한다. 그들의 출현에는 인과성이 없고, 한 장소에 많은 사람이 모여 있다는 것과 같은 어떤 유리하면서도 종종 우연적인 예비 조건이 있다. 군중은 인과 법칙에 따르지 않고, 대신 놀랄 만하다고 여겨지는 광경을 나타낸다. 흩어져 있는 요소들에서 새로운 사회적 실체를 창조한다.

단순화시켜 말하면, 군중과 지도자는 사회적인 것을 나타내는 대립 형태라고 말할 수 있다. 프로이트의 이야기에서는 지도자가 매료시키는 카리스마, 폭력, 법의 시행으로 사회적인 것을 세운다. 군중심리학의 관점에서는 군중은 자기조직화의 광경이 된다. 이 과정을 우발적이고 우연적이며 관찰할 수 없는 것으로 보기 때문에, 군중의 기원이나 창시에 대해 직선적인 이야기를 제시할 수 없다. 군중을 이야기하기 위해 지도자를 이용함으로써—즉, 군중의 창시 배경에 대한 이야기를 생각해냄으로써—프로이트는 군중의 역학을 구성하는 수평적인 사회 과정을 버린다. 그는 상호암시의 의미론을 동일시 이론—그리고 한 명의 지도자와의 동일시 이론—으로 대체한다. 프로이트가 보기에는, 모방이란 사실 지도자에게의 복종이다. 군중 구성원들 간의 관계는 이차적이다. 무엇보다도 그들은 지도자에 대한 그들의 관계로 서로 연결되어 있다. 이 점에서는 군중의 구성원들이 지도자를 제외하고는 모두 평등하다고 여길 수 있었으며, 이것이 군중에게 철저하게 계급적인 구조를 부여했다. 리좀적rhizomatic이며 불안정한 군중 구조라는 타르드의 초기 사상과는 대조적으로, 프로이트의 동일시 모델은 고정된 구조를 들여와 지도자라는 창시하는 인물로 그 중심을 채운다. 이러한 변화로 프로이트는 군중 심리학이 군중을 창발현상으로 관찰할 때 찾아내는 잠재력을 버린다. 프로이트는 이 관찰을 창시하는 아버지 주위에 모인 원시 유목집단이라는 앞서 언급한 이야기로 억누르려고 시도한다. 이에 반해 우리가 타르드의 모방 설명을 따른다면, 위세의 감정 역학은 모든 커뮤니케이션 방식의 근본적인 차원이다. 전에는 단 하나의 지도자 인물에 집중되었던 것이 지금은 무수한 사회적 사건들을 통해 퍼지고 있다. 게다가 놀라움, 위세, 매혹이 사라지지 않고 지금은 어떤 사회적 관계도 구성하는 것으로 보고 있다. 자기조직화의 매개자이기 때문에, 강한 영웅적인 지도자라는 인물은 지금은 주술적이며 감정적인 커뮤니케이션 형태로 바뀌었다. 지도자의 이러한 비개인화는 직선적인 이야기화의 가능성 자체를 허용하지 않는다. 이질적인 네트워크를 통한 위세의 흐름은 다수의 작은 이야기들(또는 어쩌면 서정시풍의 인상주의)로만 말할 수 있다.[20]

---

20 이야기체의 사회학과 서정시풍의 사회학의 병렬에 대해서는 다음을 보라. Andrew Abbott, "Against Narrative: A Preface to Lyrical Sociology", 《Sociological Theory》 (25, no. 1, 2007), 67-99.

해설

르 봉, 타르드, 프로이트

이상률

프랑스의 대표적인 사회심리학자 세르주 모스코비치Serge Moscovici는 한때 크게 성공했다가 돌연히 몰락한 학문, 즉 군중심리학에 관해 대단히 탁월한 연구서인《군중의 시대: 대중심리학에 대한 역사적 고찰L'Âge des foules: Un traité historique de psychologie des masses》(Paris, Fayard)을 1981년 세상에 내놓았다. 그는 그 책에서 군중심리학이 그동안 많은 오해를 받아왔다고 말하면서, 군중심리학의 복권을 시도했다. 물론 모스코비치는 군중심리학에 들어 있는 많은 명제들이 단편적이고 반복적이며 동시에 미완성의 성격을 지녔다는 것에 눈을 감지 않았다. 오히려 그는 군중심리학자들이 제시한 가설들의 한계를 분명하게 지적했다. 하지만 그는 그런 문제점들을 핑계 삼아 군중심리학을 비과학적인 학문으로 매도하기보다는 오히려 그 문제점들을 군중심리학을 발전시킬 수 있는 발판으로 삼을 것을 제안했다. 그런데 이 책을 읽다 보면 매우 흥미로운 대목이 우리의 눈길을 끈다. 그것은 이 책 제6부의 제목 '르 봉과 타르드의 가장 뛰어난 제자: 지그문트 프로이트'다. 프로이트가 누구인가? 인간의 무의식 세계를 처음으로 탐사하며 정신분석이라는 학문을 창시한 사상의 영웅이 아닌가? 그런 위인을 르 봉이나 타르드 같은 B급(?) 사상가와 연결시키고, 게다가 이들의 제자라고까지 언명한 것은 프로이트주의자들은 물론 일반 독자가 보기에도 선뜻 받아들이기 어려운 발언일 것이다.

그렇다면 모스코비치는 어떤 근거에서 그렇게 말했는가? 달리 말하면, 프로이트는 르 봉과 타르드에 대해서 어떤 사상적 연관이 있으며 또 이들에 대해서 어떤 평가를 내렸는가? 르 봉은 분류하기 어려운 인물인데 굳이 갖다 붙이자면 사회심리학자라는 명칭이 가장 잘 어울릴 것 같고, 타르드는 범죄학자에서 사회학자로 전향한 인물이며, 프로이트는 누구나 인정하듯이 정신분석학자다. 이처럼 그들의 연구 영역은 다르지만, 분명한 것은 이 세 사상가 사이에 두 가지 공통점이 있다는 사실이다. 하나는 그들 모두가 개인이든 집단이든 모든 것이 심리적인 요소에 영향받으며 또 심리적인 요소로 설명된다고 확신했다는 사실이다. 또 하나는 그 세 사람 모두 군중현상에 대해서 불안감을 나타냈다는 사실이다. 르 봉과 타르드는 보불 전쟁(1870~71)의 패배와 파리 코뮌(1871)의 여파 그리고 혁명의 물결 속에서 발생한 빈번한 소요 사태에 똑같이 두려움을 느꼈다. 한편 프로이트는 제1차 세계대전의 후유증(즉, 오스트리아-헝가리 제국의 해체, 인플레이션), 러시아 혁명(1917)에 따른 동유럽 정치 지형의 변화, 비엔나에서의 점점 깊어지는 반유대주의에 깊은 실망과 당혹감을 지녔다. 이처럼 세 사람 모두가 공통적으로 지녔던 불안감은 그들을 똑같이 군중심리학으로 향하게 했다. 그리고 그들 모두 동일한 종류의 현상에 대한 연구에서 각자 나름대로 기여했다.

1. 귀스타브 르 봉

프로이트가 비엔나의 유명한 생리학자이자 의사인 요제프 브로이어와 함께 《히스테리 연구》라는 제목의 논문을 발표한 그해, 즉 1895년 8월 르 봉은 《군중심리》라는 제목의 작은 책을 출간했다. 이 책은 나오자마자 많은 사람의 관심을 끌었으며, 마침내는 이른바 베스트셀러가 되었다. 또 여러 나라 언어로도 번역되었다. 1896년에는 영어로, 1908년에는 독일어로 번역되어 출간되었다. 프로이트는 1912년에 나온 독역판(제2판)을 읽었다. 그도 마찬가지로 군중심리학에 관심을 갖고 《집단심리학과 자아분석》이라는 제목의 작은 책을 세상에 내놓았는데, 이때가 1921년, 즉 《군중심리》가 나온 지 26년의 세월이 지났을 때였다. 그는 《집단심리학과 자아분석》에서 르 봉의 《군중심리》가 유명해진 것은 당연한 일이라고 평하면서, 한 장章 전체를 르 봉의 책에 대한 논의로 채웠다. 르 봉의 《군중심리》가 정신분석에 직접적으로 기여한 바가 전혀 없었는데, 정신분석의 창시자 프로이트는 왜 그 책에 대한 논의에 그토록 많은 분량을 할애했을까? 그 이유를 프로이트는 다음과 같이 말한다. "우리가 르 봉의 서술을 서론으로 삼은 이유는 그것이 무의식적인 정신 생활을 강조한다는 점에서 우리 자신의 심리학과 아주 잘 일치하기 때문이다"(이 책 29쪽).

르 봉은 《군중심리》에서 인간은 혼자 있을 때와 군중 속에 있을 때 다르게 행동하는데, 이 행동의 차이에서 본질적인 것은 인격의 무의식적인 측면이 우세해지고 의식적인 측면이 사라지는 것과 관련 있다는 점을 분명하게 강조했다.

"군중 속에 있는 개인이 혼자 있는 개인과 얼마나 다른지 확인하는 일은 쉽다. 그러나 이러한 차이의 원인을 찾아내는 일은 그보다 쉽지 않다.

적어도 그 원인이나마 어렴풋이 보기 위해서는 우선 현대 심리학의 확인된 사실, 즉 무의식적인 현상은 유기체의 생명에서뿐만 아니라 지성의 기능에서도 아주 지배적인 역할을 한다는 사실을 상기해야 한다. 정신이 영위하는 의식적인 삶은 그것의 무의식적인 삶에 비하면 매우 미미한 몫밖에는 나타내지 못한다."[1] 아마도 르 봉의 이 언명은 프로이트의 눈길을 사로잡았을 것이다.

하지만 프로이트는 르 봉이 말하는 무의식과 자신이 생각하는 무의식 간의 차이를 모를 리 없었다. 르 봉의 무의식은 집단 무의식이기 때문이다. "우리의 의식적인 행동은 무엇보다도 유전 영향에 의해서 만들어진 무의식적인 토대에서 유래한다. 이 토대에는 민족의 혼을 구성하는 조상 대대로 내려온 무수한 잔재가 들어 있다."[2] 따라서 그는 그 차이점을 분명하게 밝혔다. "르 봉의 무의식 개념은 정신분석이 채택한 개념과 완전히 일치하지는 않기 때문에, 르 봉의 견해와 우리 견해 사이에 약간의 차이가 드러난다. 르 봉의 무의식은 무엇보다도 민족정신이라는 아주 심층적인 특징을 포함하고 있는데, 이러한 특징은 개인적인 정신분석에서는 사실상 고찰하지 않는다. 물론 인간 정신의 '태고의 유산'을 포함하고 있는 자아의 핵심(나는 이것을 나중에는 에스ES라고 불렀다)이 무의식 속에 들어 있다는 것을 우리가 부인하지는 않지만, 이것 이외에도 우리는 그 유산의 일부에서 생겨난 '무의식적으로 억압된 것'을 구분한다. 억압된 것이라는 이 개념이 르 봉에게는 없다"(이 책 19~20쪽). 이 인용문

---

1 귀스타브 르 봉, 《군중심리》, 이상률 옮김, 지도리, 2012, 31쪽.

2 같은 책, 31~32쪽.

에서 프로이트는 르 봉의 견해와 자기 견해 사이에 약간의 차이가 있다고 말했지만, 사실은 아주 큰 차이가 있다고 말했어야 했다. 왜냐하면 이 집단 무의식은 프로이트가 칼 구스타프 융과 결별하게 된 주요 개념 중 하나였기 때문이다.

그럼에도 불구하고 프로이트는 르 봉의 군중심리 묘사가 올바르며 매우 훌륭하다고 평가했다. 그런 이유에서 프로이트는 르 봉의《군중심리》에서 많은 문장을 인용하며 부연 설명했다. 그러나 르 봉의 저작에 대한 좋은 평가는 오래 계속되지 않는다. 프로이트는 자신이 보냈던 찬사를 곧바로 거둬들였다. "그렇지만 이제는 이 저자의 주장이 실제로는 새로운 것을 전혀 제시하지 못했다는 사실을 부언하지 않을 수 없다. 그가 집단심리의 표출에 대해 유해하다고 보면서 그 가치를 과소평가한 것은 모두 이전에 이미 다른 사람들이 그 못지않게 분명히 또 적대감을 갖고 말한 것이며, 이 분야의 문헌이 처음 나왔을 때부터 사상가, 정치가, 작가들이 같은 목소리로 반복해온 것이다. 르 봉의 견해에 들어 있는 두 가지 명제, 즉 군중에서는 지적 활동이 집단적으로 억제된다는 명제와 감정이 고조된다는 명제는 그 직전에 시겔레가 공식화한 것이다. 근본적으로 르 봉 고유의 것으로 남는 것은 무의식이라는 관점과 원시인의 정신생활과의 비교라는 관점 이 두 가지뿐인데, 이 두 관점도 물론 이전에 여러 번 언급된 것이다"(이 책 29~30쪽).

프로이트의 이러한 비판은 매우 옳다. 특히 그가 스키피오 시겔레를 거명한 것은 매우 적절했다. 스키피오 시겔레(1868~1913)는 이탈리아의 범죄학자 엔리코 페리의 제자로서 1891년에《범죄군중La folla delinquenta》이라는 제목의 작은 책을 세상에 내놓았다. 이 책은 프랑스어(1892), 스페인어(1893), 러시아어(1895), 폴란드어(1895), 독일어(1897)로 번역되었을 정도로 국제적인 관심을 끌었다. 시겔레는 동물뿐만 아니라 인간도 다른 사람의 행동을 따라 하는 경향이 분명히 있으며, 군중은 언제나 개인보다 더 감정적이며 비합리적이라고 보았다. 지금까지는 이러한 군중현상을 정신적 전염, 사회적 모방, 최면 암시로 설명했는데, 시겔레는 이 세 요인 이외에 두 가지 요인이 더 추가되어야 한다고 주장했다. 하나는 인류학적 요인이고, 또 하나는 수數의 요인이다. 전자는 군중 속에 있을 때는 합리적인 성향보다 감정적인 성향이 더 쉽게 자극된다는 것이며, 후자는 같은 감정을 표현하는 사람들이 많을수록 그 감정이 더 강렬해진다는 것이다. 이 모든 요인이 합쳐지면 군중은 정신적 통일성을 나타낸다고 시겔레는 주장했다. 시겔레의 이러한 견해에 비춰보면, 르 봉의 사상이 새로운 것이 아니라는 프로이트의 주장은 사실로 확인된다.

그런데 프로이트는 르 봉의 《군중심리》의 내용이 새로운 것이 아니라고 주장하면서, 그것에 왜 그토록 많은 주의를 기울였는가? 여기에는 프로이트의 숨은 의도가 있다는 느낌이 든다. 프로이트가 르 봉의 책에 대해서 길게 논의한 것은 르 봉의 사상에 찬사를 보내기 위해서가 아니라, 두 가지 전략적인 목적을 위해서였다고 볼 수 있다. 하나의 목적은 프로이트가 집단심리에 관해 정신분석적 설명을 하기 전에, 충분하면서도 적절한 예비지식을 독자에게 주기 위해서였다. 이렇게 생각하는 것의 근거로는 프로이트의 다음과 같은 진술을 내세울 수 있다. "그렇다면 '군중'이란 무엇인가? 군중은 개인의 정신생활에 그토록 결정적으로 영향을 미치는 능력을 어떻게 해서 얻는가? 그리고 군중이 개인에게 강제하는 심리 변화의 본질은 무엇인가?

이 세 가지 질문에 대답하는 것이 이론적인 집단심리학의 과제다. 추측건대 이 과제에 접근할 때는 세 번째 질문에서 시작하는 것이 가장 좋은 것 같다. 개인의 변화된 반응에 대한 관찰은 집단심리학에 재료를 제공한다. 무언가를 설명하려면 먼저 설명의 대상을 서술해야 하기 때문이다"(이 책 17쪽).

또 하나의 목적은 르 봉이 군중의 특성은 인지했지만 그것을 만족스럽게 설명하지 못하고 단지 기술하는 것에 머물렀다는 것을 보여주기 위해서였다. 달리 말하면, 르 봉이 집단심리라는 문제의 발견자에 지나지 않았다는 사실을 독자에게 보여주기 위해서였다. 이것은 프로이트의 다음과 같은 말에서 추론해 낼 수 있다. "외람되지만 나는 르 봉의 서술 중간에 주석을 달아서 나의 소견을 말할 것이다. 군중 속의 개인들이 하나의 통일체로 결합한다면, 그들을 서로 결합시키는 무언가가 있을 게 틀림없으며, 이 접착제는 바로 그 군중의 특징이 될 것이다. 그러나 르 봉은 이 질문에는 대답하지 않은 채, 군중 속에서의 개인의 변화에 관심을 기울이면서 우리 심층심리학의 기본 전제와 일치하는 그 변화를 기술하고 있다"(이 책 17~18쪽).

그런데 프로이트는 이 두 번째 목적을 달성하려는 과정에서, 논란의 여지가 있는 (따라서 흔쾌히 동의하기 어려운) 발언을 두 군데서 한다. 하나는 그의 다음과 같은 진술이다. "르 봉은 군중심리는 매우 훌륭하게 서술했지만, 지도자의 역할이나 위세의 중요성을 그 서술과 올바르게 일치시켰다는 인상은 주지 못한다"(이 책 28쪽). 프로이트의 이러한 평가는 그전에 그가 한 말과 같은 맥락이다. "르 봉이 군중의 지도자에 대해 말한 것은 별로 철저하지 못하며, 기본 원리를 매우 분명하게 드러내지 못하고 있다"(이 책 27쪽). 그렇지만 지도자에 대한 르 봉의 기술이 군중에 대한 그의 기술보다 못하다고 보는 것은 사실 올바른 평가가 아니다. 르 봉은 많은 점에서 지도자의 역할을 강조했으며 또 그것을 매우 상세하게 기술했다.[3] 그는 지도자가 없으면 군중은 행동할 수 없기 때문에 지도자가 반드시 필요하며, 현대사회의 비극적인 결함은 위대한 지도자가 없다는 사실에 있다고 주장했다. 그럼에도 불구하고 프로이트가 마치 르 봉이 집단심리학에서 지도자의 중요성을 충분히 인식하지 못한 것 같은 인상을 독자에게 주는 이유는 무엇일까? 우리 생각에 그 이유는 프로이트가 곧 이어질 그 자신의 분석과 설명을 정당화하기 위해서인 것 같다. 아무튼 르 봉의 지도자론이 철저하지도 명쾌하지도 못하다는 프로이트의 지적은 그가 제시하는 새로운 이론의 중심축이 어떤 것이 될 것인지를 예고한다. 우리가 알다시피, 그의 집단심리학에서는 군중이 뒤로 물러나고 지도자가 전면에 나와 중심적인 위치를 차지했다.

또 하나의 발언은 프로이트가 르 봉이 군중 개념을 일시적인 집단에 한정시켰다고 주장한 것이다. "사람들은 아마도 매우 상이한 조직들을 '집단'이라는 말로 총괄했을 것이다. 따라서 그것은 구분될 필요가 있다. 시겔레, 르 봉, 그 밖의 사람의 진술은 오래 지속되지 못하는 집단과 관계있다. 이러한 종류의 집단은 일시적인 이해관심에 따라 다양한 부류의 개인들이 급하게 한 덩어리가 된 것이다"(이 책 31쪽). 물론 르 봉은 자연발생적으로 생겨난 일시적인 집단에 많은 관심을 기울였다. 그러나 르 봉이 말하는 군중은 일시적인 집단뿐만 아니라 좀 더 지속적인 집단(예를 들면 의회, 종파, 계급)도 모두 가리키는 폭넓은 개념이다. 게다가 르 봉은 후일 타르드가 공중이라고 부른 존재도 군중 개념에 포함시켰다. 이것을 보면 프로이트의 주장이 틀린 것임을 분명하게 알 수 있다. 하지만 그런 실수를 했다고 해서 프로이트가 르 봉보다 더 멀리 나가는 데

---

3 《군중심리》의 제7장 '군중의 지도자들과 그들의 설득수단'을 보라.

실패한 것은 아니었다. "최고의 정신을 가진 사람들은 그 실수조차도 유용할 수가 있다. 프로이트의 틀린 해석은 무심코 새로운 진리에 이르는 일종의 행운의 실수다."[4] 프로이트는 오히려 그 실수 덕분에(?) 르 봉에서 쉽게 빠져나올 수 있었다. 그는 곧바로 군중을 일시적인 군중과 인위적인 군중으로 구분했다. 그러고는 후자에 대해서만 관심을 가질 수 있었으며, 이와 동시에 군중심리학에서 정신분석으로 특별한 어려움 없이 넘어갈 수 있었다.

2. 가브리엘 타르드

르 봉과 프로이트 간의 사상적 연관이나 르 봉에 대한 프로이트의 평가에 대해서는 이미 많은 학자가 언급했는데, 이는 당연했다. 이에 반해 타르드와 프로이트 간의 관계에 대해서는 논의하는 학자도 드물었으며, 또 그 내용도 잘 알려지지 않았다. 이것은 충분히 예상할 수 있는 일이다. 왜냐하면 타르드의 이름이 《집단심리학과 자아분석》에서는 단 한 번밖에 등장하지 않기 때문이다. 게다가 프로이트는 타르드를 언급할 때도 그다지 호의적이지 않았다. 그는 타르드에 대한 다른 학자의 비판적인 평가를 그대로 받아들였다. "그 밖에 사회학이나 집단심리학의 저자들이 우리에게 제공하는 설명은 이름이 바뀌긴 하지만 동일한 것이다. 그것은 암시라는 마술 같은 말이다. 타르드는 그것을 모방이라고 불

---

4 이 말은 로버트 머튼Robert K. Merton이 《군중심리》 영역판의 소개의 글에서 한 것이다. 귀스타브 르 봉, 《군중의 심리》, 민문홍·강영숙 옮김, 학문과 사상사, 1980, 10쪽.

렀다. 그러나 우리는 모방이 암시 개념에 포함되며, 심지어는 암시의 결과라고 비난하는 어떤 저자의 말에 동의하지 않을 수 없다"(이 책 38쪽). 이후 타르드에 대해 언급하지 않은 것을 보면, 프로이트는 그에 대해서 큰 관심이 없었다고 볼 수 있다. 어쩌면 프로이트는 타르드의 저작을 직접 읽기보다는 다른 사람들의 해석에 의존했을지도 모른다. 그런 경우에는 때때로 다른 사람들의 그릇된 해석을 무비판적으로 받아들일 수도 있다. 이 인용문이 그런 경우에 해당될 것이다. 이 인용문에서 "그러나 우리는 모방이 암시 개념에 포함되며, 심지어는 암시의 결과라고 비난하는 어떤 저자의 말에 동의하지 않을 수 없다"라는 대목은 타르드에 대해 어느 정도 지식이 있는 사람에게는 받아들이기 어려운 말이다. 왜냐하면 타르드는 분명히 모방을 암시작용의 결과로 이해했기 때문이다. 타르드가 종종 암시 모방la suggestion-imitation이라는 용어를 썼던 것도 바로 그 때문이다. 다음이 그 한 예다. "아무리 혼란스러운 시대라도 사회생활의 기반을 이루는 정신 간의 또 의지 간의 이 세심한 일치, 달리 말해 주어진 어느 한순간에서 볼 때 한 사회의 모든 정신과 의지에서 그토록 많은 분명한 관념, 그토록 많은 분명한 목적과 수단이 이처럼 동시에 존재한다는 것은 사람들을 서로 상당히 비슷하게 태어나게 한 생물적 유전의 결과도 아니고, 거의 비슷한 능력에 거의 똑같은 자원을 준 지리적 환경의 결과도 아니다. 그것은 바로 어느 한 관념이나 행위를 처음 만들어낸 사람에게서 나온 그 본보기를 점점 퍼뜨린 암시 모방의 결과라고 나는 주장한다."[5] 타르드의 이 말을 보면, 그 어떤 저자(즉, 라울 브뤼제유)의 비판은 설득력이 없다는 사실을 분명하게 알 수 있다.

---

5   Gabriel Tarde, 《Les lois sociales》, Paris, Synthélabo, 1999(1898), p. 59.

그런데 프로이트와 타르드의 관계는 이것이 전부인가? 세르주 모스코비치의 다음과 같은 진술에 주의를 기울여보자. "르 봉에 의해 주어진 대중에 대한 기술을 받아들인 다음, 프로이트는 이제 타르드에 의한 대중의 분류를 받아들였다. 타르드와 마찬가지로 프로이트는 한편으로는 조직되지 않은 대중과 또 다른 한편으로는 조직된 대중을 구분해야 하며 또 조직된 대중에 대한 연구가 훨씬 더 흥미롭다는 결론에 도달했다. 그리고 그는 일련의 독자적인 추론을 통해서 위계제, 전통 및 훈련의 기능, 한마디로 말해 조직의 기능에 대해서 이 프랑스 학자(타르드)와 비슷한 견해에 이르렀다."[6] 모스코비치는 어떤 근거에서 이런 말을 했을까? 추측건대 그가 이 글을 쓸 때 염두에 둔 것은 타르드의 다음과 같은 진술이 아닐까 하는 생각이 든다. "그때 우리가 군중이라고 부르는 첫 번째 단계의 결합이 자연스럽게 나타날 것이다. 이 초보적이고 쉽게 사라지는 무정형無定型의 군집은 일련의 중간 단계를 거쳐서 조직되고 위계질서를 갖춘 지속적인 일정한 군중—사람들이 그 말의 가장 넓은 의미에서 단체corporation라고 부를 수 있는 것—에 이른다. 종교단체에서 가장 강렬한 표현은 수도원이며, 세속단체에서 가장 강렬한 표현은 군대나 공장이다. 그 둘의 가장 방대한 표현은 교회와 국가다."[7] 프로이트가 이 인용문이 들어 있는 타르드의 논문 《범죄군중과 범죄분파》를 읽고서 일시적인 집단과 인위적인 집단을 구분하는 영감을 얻었다는 증거는 없다. 따라서 모스코비치의 주장처럼 프로이트가 타르드에 의한 대중의 분류를 받아들였다고 단언할 수는 없다. 프로이트가 독자적으로 그

---

6 세르주 모스코비치, 《군중의 시대》, 이상률 옮김, 문예출판사, 1996, 391쪽.

7 가브리엘 타르드, 《여론과 군중》, 이상률 옮김, 지도리, 2012, 174쪽.

런 생각을 했을 수도 있기 때문이다. 그렇지만 프로이트가 타르드와 비슷한 견해에 도달했다는 것은 부인할 수 없다. 타르드와 프로이트 간의 유사점은 이것으로 끝나지 않는다. 타르드가《모방의 법칙》에서 다음과 같이 쓴 것을 우리가 읽을 때, 아버지를 모든 범주의 지도자 예시, 즉 우리가 지도자에 대해 지니는 모든 감정의 열쇠로 본 프로이트가 생각나는 것은 지극히 자연스러운 일일 것이다. "가장 평등한 사회에서조차 생겨나는 문제의 일방성과 불가역성은 인간이 사회에 입문할 때 기반이 되는 가족에서도 계속 존재한다. 왜냐하면 아버지는 아들의 최초의 주인, 최초의 사제, 최초의 본보기이며 항상 그러할 것이기 때문이다. 오늘날에도 모든 사회는 거기에서 시작한다."[8]

그리고 프로이트는 타르드의 모방 개념을 거부하고 동일시 개념을 제시했는데, 타르드의 것은 학계에서 버림받은 반면 프로이트의 것은 출세했다. 하지만 모스코비치가 보여준 바와 같이 동일시란 결국 "다른 어떤 사람이나 어느 한 특정한 모델과의 일치 및 전적인 애착의 성향을 나타내는 모방 욕망les désirs mimétiques"[9]이기 때문에, 타르드의 모방 개념과 프로이트의 동일시 개념 사이에는 연속성 내지 유사성이 있다.

지금까지 말한 것을 종합해보면, "프로이트의 이론은 르 봉을 반박하면서 타르드 이론과의 주목할 만한 유사성을 나타내고 있다. 타르드가 모방이라고 이름 붙인 것을 프로이트는 동일시라고 불렀으며, 많은 점에서 프로이트의 사상은 정신분석학적인 개념들로 번역된 타르드의 사상

---

8 가브리엘 타르드,《모방의 법칙》, 이상률 옮김, 문예출판사, 2012, 121~122쪽.
9 세르주 모스코비치, 같은 책, 436쪽. 모스코비치는 이 책의 제6부 '르 봉과 타르드의 가장 뛰어난 제자: 지그문트 프로이트', 제5장 '사회에서의 정서적 애착의 기원'에서 동일시 개념이 모방 개념에서 멀리 떨어져 있지 않다는 것을 보여주고 있다.

인 것 같았다"[10]고 논평하는 어느 학자에게 우리는 어느 정도 공감할 수 있다. 군중심리학의 관점에서 보면 르 봉, 타르드, 프로이트 사이에는 사상의 연속성이 있다. 그들 사이에 불일치점도 분명히 있지만, 일치점 또는 유사점도 확실히 있다. 모스코비치가 프로이트를 르 봉와 타르드의 가장 뛰어난 제자라고 말했을 때, 그의 의도는 다름 아니라 그 세 사상가 간의 연속성과 유사성을 강조하고자 한 것이라는 느낌이 든다. 그런 식으로 생각한다면, 우리는 모스코비치의 표현을 받아들이는 데 큰 거부감을 느끼지 않을 것이다.

---

10 H. F. Ellenberger, 《The Discovery of the Unconscious》, New York, Basic Books, 1970, p. 528. 다음에서 재인용. 세르주 모스코비치, 같은 책, 360쪽.